Sibylla Vee – Kleine Kulturgeschichten – 1506

1506 erlaubt sich Albrecht Dürer einen kleinen Scherz in einem Altargemälde.

1506 wird Leonardo da Vinci wegen provozierender Säumnis angeklagt.

1506 kämpft Michelangelo um seine Leidenschaft und erliegt einem Irrtum.

1506 sind die Genies der Kunst umgeben von Intrigen und Machtkämpfen kleiner und großer Herrscher.

Historische Fakten aus Kultur und Kunst – in kleinen Geschichten erzählt, spannend, traurig, überraschend, lustig.

Was wurde über die Genies der Hochrenaissance im 20. und 21. Jh. Neues herausgefunden? Darüber informiert der zweite Teil, incl. Quellenangaben.

Sibylla Vee ist das Pseudonym einer Autorin, die sich zunächst in Praxis und Theorie ganz der Bildenden Kunst widmete.
2016 wechselt sie vom Pinsel zur Feder und beginnt zwei Serien:
KLEINE KULTURGESCHICHTEN erzählen Kurzbiographien, – von Entdeckern, Kulturschaffenden und Künstlern, Männern wie Frauen, die es wert sind, aus dem Schatten der »sehr Berühmten« herauszutreten.
KLEINE BILDERGESCHICHTEN erzählen von Lieblingsmotiven in Grafik und Malerei, von sehr berühmten wie auch kaum bekannten Künstler*innen und Werken.

Sibylla Vee

1506

Marmorschlangen, Intrigen und
andere brisante Verstrickungen

Kleine Kulturgeschichten

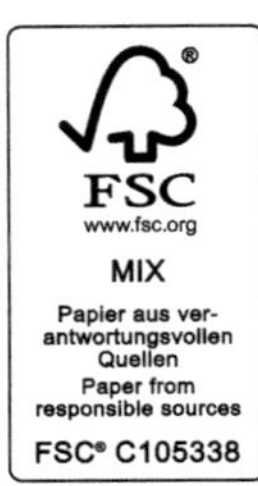

Die Deutsche Bibliothek verzeichnet diese Publikation in der Deutschen Nationalbibliografie; detaillierte bibliografische Daten sind im Internet über http://dnb.ddb.de abrufbar.

Lektorat: Diana Balonger
Korrektorat: Diana Balonger
Satz und Layout: Sibylla Vee

Coverdesign: Sibylla Vee
unter Verwendung von Ausschnitten aus zwei Gemälden,
Figuren aus Andrea Mantegnas Fresko »Camera degli Sposi«,
im Palazzo Ducale in Mantua, 1465–1474,
Engel aus Raffaels »Auferstehung Christi«, um 1502

Herstellung und Verlag:
BoD – Books on Demand, Norderstedt

ISBN 978-3-759750624

Inhaltsverzeichnis

Von nördlich der Alpen

Der Augsburger Kaufmann Hans Buchmeister stand neben der Rialtobrücke und schaute auf die Baustelle am gegenüberliegenden Ufer des Canal Grande. ›Niemals werden die in diesem Jahr fertig‹, dachte er sich. Buchmeister misstraute den Venezianern, auch wenn er mit ihnen Geschäfte machte. Im Sommer 1504 hatte er mit dem Handel begonnen und noch den alten Fondaco dei Tedeschi kennengelernt, Handelskontor, Lagerhaus und Wohnstätte für die deutschen Kaufleute. Vor einem Jahr war das Gebäude abgebrannt. Buchmeister vermutete einen Brandanschlag der venezianischen Kaufleute gegen die fremden von nördlich der Alpen. War es nicht seltsam, dass die hölzerne Rialtobrücke völlig unbeschädigt geblieben war? Der Doge hatte sofort den Wiederaufbau veranlasst, denn für ihn war die *tassa doganale*, die Zollgebühr, vom immenser Bedeutung.

Während Buchmeister über die Lage nachdachte, erblickte er nicht weit von sich entfernt einen Mann, dessen Blick ebenfalls auf die Baustelle gerichtet war. Buchmeister hatte keine Ambitionen, mit dem Nürnberger Kontakt aufzunehmen, den jeder durch seine auffallende Erscheinung sofort erkannte. Der Künstler war ihm zu eitel, zu exzentrisch und auch zu geschäftstüchtig. Nach dem rasanten Aufstieg des Bankhauses Fugger in Augsburg, erhoffte sich Buchmeister zudem, dass die Augsburger Kaufleute den bisher immer noch den Ton angebenden Nürnbergern den Rang ablaufen würden.

Ein plötzlich aufziehender Nebel ließ die Baustelle verschwinden und die Gondeln wie Geisterschiffe erscheinen.

»Giacomo, da bist du ja!« freute sich Scarpagnino, als er den jungen Boten auf der Baustelle erblickte. »War Spavento zufrieden?«

»Ja«, antwortete Giacomo, »nur rechts oben hat er eine kleine Notiz hinzugefügt.« Giacomo transportierte wie Hunderte von Venezianern Waren zu Fuß durch die Gassen und über die Brücken, wohin auch immer ihn seine Auftraggeber schickten. Er war von zierlicher Statur, aber das war nicht von Belang, denn seine Waren waren leicht, aber kostbar und manchmal heikel: kleine Flaschen mit Medizin, Dosen mit Schmuck, Säckchen voller Dukaten, versiegelte Briefe und Dokumente, aber auch offene Schriftstücke, wie der nur mit einem Lederband lose umwickelte Plan, den er dem Architekten überreichte. Scarpagnino entrollte den Bogen mit dem Fassadenaufriss des Neubaus, las die Notiz seines Kompagnons und lachte. *Palazzo Ducale* hatte Spavento neben die Zinnen geschrieben, um darauf hinzuweisen, dass er trotz der Renaissancefassade auf diesem mittelalterlichen Detail als oberstem Fassadenabschluss bestand. Zinnen krönten den Dogenpalast und sollten beim Fondaco dei Tedeschi die Kaufleute von nördlich der Alpen daran erinnern, dass hier der Doge das Sagen hatte, dass er den Neubau finanzierte.

Abb. 1 – Venedig, Rialtobrücke, 1506

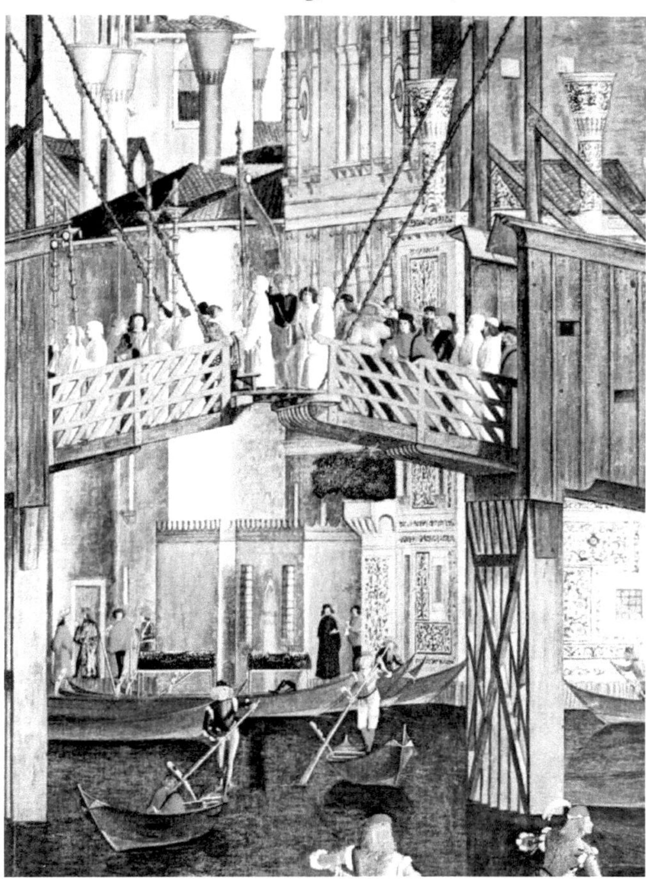

Der 66-jährige Giorgio Spavento war der leitende Baumeister am Markusdom und zuständig für dessen Erhaltung und Erweiterung. Spavento hielt sich vorwiegend am Markusplatz auf und war froh, den eine Generation jüngeren Antonio Abbandi – den alle nur Scarpagnino nannten – an seiner Seite für den Neubau des Fondaco dei Tedeschi zu haben, wie auch den flinken und vertrauenswürdigen Giacomo, der Pläne und Notizen der beiden Architekten überbrachte.

»Und was gibt es Neues?« fragte Scarpagnino.

»Den Deutschen mit den langen Locken und dem gezwirbelten Schnurbart habe ich wieder gesehen«, berichtete Giacomo.

»Ja, ja, der Dürer aus Nürnberg, glaubt ernsthaft, er könne hier am Neubau mitgestalten. Das kann er vergessen«, murrte Scarpagnino. Er und Spavento waren sich schnell einig gewesen – mit Zustimmung des Dogen – dass die deutschen Kaufleute viel Raum für ihre Waren bekommen sollten, alles gut proportioniert, aber schlicht gehalten. Bei der Fassade wollten sie auf eine teure Marmorverkleidung verzichten, Fresken reichten aus, die aber sollten selbstverständlich von Venezianern ausgeführt werden. Der Doge dachte an Giorgione und seinen Schüler Tizian.

»Und was noch?« fragte der Architekt.

Giacomo zögerte ein wenig.

»Nur raus mit der Sprache«, forderte ihn Scarpagnino auf.

»Fra Giocondo ist aus Rom zurück. Der Papst hat seine Entwürfe für den neuen Petersdom abgelehnt.«

Scarpagnino nickte zustimmend. »Gut so!« Der in Verona geborene Dominikanermönch Giocondo diente vielen Auftraggebern als Architekt, nicht nur der Republik Venedig. Das kam für den gebürtigen Venezianer Scarpagnino niemals in Frage. »Hast du gehört, für wen sich der Papst entschieden hat?«

»Nein, es gibt viele Gerüchte, nichts aber ist sicher. Sicher ist nur, dass der neue Petersdom größer werden soll als alle Kirchen der Christenheit.«

Scarpagnino stieß einen kurzen Schrei aus und ballte die Faust. »Oh dieser Papst Julius! Will wohl die römischen Kaiser übertrumpfen. Giacomo, die Nordmänner brauchen wir nicht zu fürchten, aber vor den Römern müssen wir Venezianer auf der Hut sein.«

Mit diesem Satz wollte sich der Architekt verabschieden, doch Giacomo machte keine Anstalten, die Baustelle zu verlassen.

»Also, die Nordmänner«, begann er schließlich vorsichtig, »also, dass wir die nicht fürchten müssen...«

Der Architekt betrachtete den jungen Boten aufmerksam, er hatte eindeutig noch eine Botschaft auf dem Herzen.

Nach einer Pause fuhr Giacomo fort: »Also ich habe da was gehört. Gestern war ich beim Buchdrucker Giunta, um im Auftrag ein Buch abzuholen.« Dass es sich um einen Band mit Liebesgedichten für Signora Isabella handelte, behielt er für sich, das gehörte zur Schweigepflicht seines Berufes. »Da gab es viel Aufregung. Einer hat erzählt, ein Heer zieht durch unser Land. Hundertfünfzig Mann sollen es sein. Sie kommen aus dem Norden, aus dem Gebirge. Einer sagte, es seien Schweizer. An Venedig sind sie vorbei. Sie sollen auf dem Weg nach Rom sein. Keiner weiß, wer der Heerführer ist, und was die im Schilde führen.«

Scarpagnino runzelte die Stirn, dann klopfte er dem Boten auf die Schulter: »Danke dir, Giacomo, pass gut auf dich auf!«

Erwartetes und Unerwartetes

Während in Venedig ein Augsburger Kaufmann am Ufer des Canal Grande stand, wartete in Rom ein Florentiner Bildhauer am Quai der Riga Grande ungeduldig auf die Schiffe, die den Tiber heraufkamen, schwer beladen mit Marmorblöcken aus Carrara. Michelangelo Buonarroti hatte sie alle persönlich ausgewählt, für einen Großauftrag des Papstes. Auch wenn er ein starker junger Mann von 30 Jahren war, hatte er noch keine rechte Vorstellung, wie er diesen Auftrag kräftemäßig bewältigen sollte. Für seine Pietà, die hier in Rom, in der Petersbasilika stand, hatte er zwei Jahre gebraucht, und für die Figur des fast fünf Meter hohen David, der ihm großen Ruhm eingebracht hatte und der Stolz von Florenz war, drei Jahre. Wie sollte er da für das Grabmal des Papstes dreißig bis vierzig Figuren schaffen? Jacopo Galli, Florentiner Bankier in Rom, hatte dem Künstler geraten, mindestens zehn Jahre und zwanzigtausend Dukaten auszuhandeln. Aber wer konnte schon mit einem Papst handeln? Und schon gar mit Papst Julius II.? Der war zwar ein Liebhaber der antiken Kunst und von Michelangelos Fähigkeiten überzeugt, aber er duldete keinen Widerspruch und ließ seine Gegner schneller beseitigen als ein Marmorblock von Carrara nach Rom kam. Der

Papst hatte ihm nur zehntausend Dukaten und nur fünf Jahre zugebilligt. Michelangelo hatte angenommen, war doch das Gestalten von Marmorskulpturen seine große Leidenschaft.

Nördlich von AUGSBURG – Januar 1506

»Gnäd'ger Herr! Ein Brief! Aus Venedig! Vom Herrn Dürer!« rief Clara laut und lief so schnell sie konnte mit der Post in die Wohnstube von Willibald Pirckheimer. Sie war glücklich, dass der hohe Gelehrte aus Nürnberg auf seinem Landsitz weilte. Dann konnte sie etwas Geld verdienen, denn im Leben des Herrn Pirckheimer gab es keine Frau mehr, und jemand musste schließlich den Haushalt führen.

»Danke dir, Clara.« Pirckheimer nahm voller Vorfreude den lang erwarteten Brief seines guten Freundes entgegen. Er und Dürer liebten beide das Briefeschreiben und den Austausch, ganz besonders, wenn einer von ihnen in der Ferne weilte.

Als Clara Willibald Pirckheimer ein duftendes Mittagsmahl servierte, fragte sie mutig: »Was schreibt er denn, der Herr Dürer?« Diese Frage einer Frau vom Lande an einen studierten Mann der Stadt war in der Tat gewagt, doch Pirckheimer rührte die junge Frau in ihrem Eifer, lesen und schreiben zu lernen, und etwas von der Welt zu erfahren, und so antwortete er: »In Frankfurt bekommt man bessere Ware für weniger Geld, denn bescheissen tuns, die Venezianer.«

»Hat der Herr Dürer wirklich dieses Wort geschrieben? Oder sagt Ihr das nur zu mir?«

Pirckheimer lachte. »Ja, bescheissen hat er geschrieben, der Herr Dürer hat durchaus eine Vorliebe für deftige Ausdrücke.« Dass er diese Vorliebe und den Humor mit Dürer teilte, das musste seine Haushälterin nicht wissen. »Und einen großen Auftrag hat er bekommen«, fuhr Pirckheimer fort, »von den deutschen Kaufleuten in Venedig. Er soll ein Altarbild malen. Das muss bis Ostern fertig sein.«

»Oh«, staunte Clara beeindruckt, »das ist eine Gottesaufgabe, welch ein Segen für ihn!«

›Nicht nur ein Segen für ihn, auch für mich‹, dachte sich Pirckheimer, denn Dürer hatte ihm geschrieben, dass er 110 Gulden für diesen Auftrag bekommen hatte. So stiegen die Chancen, dass er von seinem Freund die 100 Gulden wieder zurückbekommen würde, die er ihm für die Venedigreise geliehen hatte. Zudem freute er sich über den Großauftrag für seinen Freund, denn so bekam Dürer die Gelegenheit, in Venedig auch als Maler bekannt zu werden.

ROM – Januar 1506

Am 14. Januar erreichte Papst Julius II. die Nachricht von einem spektakulären antiken Fund. Ein Bote war sofort in den Vatikan geeilt, denn ganz Rom wusste, dass Julius II. die größte Sammlung antiker Kunstschätze besaß. Eine großzügige Zuwendung wäre dem Finder sicher, aber das Verschweigen eines

Fundes würde seinen geheiligten Zorn heraufbeschwören. Der Papst war skeptisch und schickte einen Reitknecht zu seinem bevorzugten Architekten, Giuliano da Sangallo. Er solle sich vor Ort ein Bild machen, um was es sich handle, und die Bergung des Fundes überwachen.

Der zwölfjährige Francesco spürte sofort die elektrisierende Wirkung, als der Reitknecht mit dem Auf-

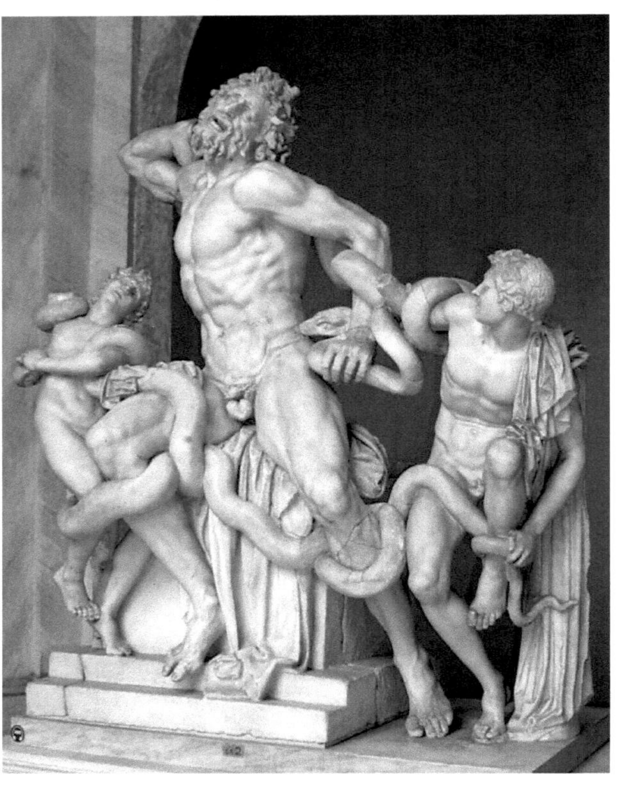

Abb. 2 – Die antike Laokoongruppe, 1506 in Rom gefunden

trag des Papstes bei seinem Vater eintraf. »Vater, ich will mit, bitte, ich will mit!«

Sangallo war einverstanden. Außer seinem Sohn nahm er auch seinen Freund mit, Michelangelo. Als Bildhauer würde er ihm eine große Unterstützung sein, würde schneller als alle anderen die Echtheit und den Wert des Fundstückes erkennen können. So folgten die drei dem Reitknecht, der sie zum Weinberg des Felice de Fredi bei Santa Maria Maggiore führte und ihnen einen Weg durch die dichte Menschenmenge bahnte, die sich dort angesammelt hatte. Ein sensationeller Fund blieb in Rom nicht lange geheim. Sie stiegen vorsichtig in die Tiefe und waren überwältigt von der Größe des bärtigen Kopfes, den sie als erstes erblickten.

Es handelte sich in der Tat um eine Skulpturengruppe, drei männliche Figuren, in der Mitte eine sehr große, links und rechts zwei kleinere. Arme und Beine der drei Figuren wurden umschlungen von zwei kräftigen Schlangen. Michelangelo ließ seine Hände über den Marmor gleiten und war begeistert von der Ausarbeitung der Muskeln.

»Wie fantastisch!« rief Sangallo aus. »Michelangelo, das ist die Figurengruppe des Laokoon, wie sie Plinius beschrieben hat, ich habe es gerade gelesen. Plinius hat dieses Kunstwerk mit eigenen Augen gesehen, im Palast von Kaiser Titus, diese Figuren im Kampf mit den Schlangen, …so hat Plinius sie beschrieben.«

Es wurde ganz still. Francesco schaute von einem zum anderen.

Dann sagte Michelangelo: »Ja, das muss sie sein, die Laokoongruppe, das ist sie, ich habe Plinius auch gelesen. Die drei großen Bildhauer von Rhodos haben sie geschaffen, Athanadoros, Hagesandros und Polydoros!«

Francesco wollte so viel fragen und wissen, wer war dieser Laokoon, wer war dieser Plinius und warum kämpften die drei Männer mit Schlangen? Aber er spürte, er musste sich gedulden. Es war ein besonderer Moment, den alle Anwesenden erlebten, ein heiliger Moment, ein Moment, der für alle immer bedeutend bleiben würde.

Als Francesco mit seinem Vater wieder zuhause war, zeigte ihm dieser das Buch des antiken Schriftstellers Plinius d. Ä., und las ihm die Beschreibung der Skulpturengruppe in italienischer Sprache vor, denn das Werk war aus dem Lateinischen schon übersetzt worden.

»Wer war der Laokoon?« wollte Francesco wissen, der wie sein Vater auch davon überzeugt war, dass Plinius genau diese Skulpturengruppe beschrieben hatte.

»Es herrschte Krieg zwischen den Griechen und den Trojanern. Und eines Tages stellten die Griechen ein Geschenk vor die Tore Trojas, sozusagen ein Friedensangebot, ein riesiges Holzpferd. Laokoon war Priester in Troja. Er war misstrauisch. ›Was es auch sei, ich fürchte die Griechen, auch wenn sie Geschenke bringen‹. Das soll Laokoon gesagt haben, als seine

18

Landsleute das Geschenk in die Stadt ziehen wollten. Sie hätten auf ihn hören sollen, denn Laokoon hatte Recht. In dem Pferd steckten bewaffnete Griechen, die durch diese List in die Stadt gelangten, von innen die Stadttore öffnen, das griechische Heer hereinlassen und so Troja besiegen konnten.«

»Und in dem Pferd haben die Griechen auch die Schlangen in die Stadt geschmuggelt. Aber warum haben die Schlangen nur die Trojaner angegriffen und nicht die Griechen?«

»Nein nein, Francesco, die Schlangen waren nicht in dem Pferd. Die hat die Göttin Athene geschickt. Sie unterstützte immer die Griechen und wollte sichergehen, dass die Trojaner Laokoons Warnung auf gar keinen Fall Glauben schenken. Sie schickte nur diese zwei Monsterschlangen über das Meer, damit sie Laokoon und seine Söhne zu Tode beißen und zerquetschen.«

»Wie furchtbar«, murmelte Francesco.

»Wie fantastisch«, begeisterte sich sein Vater, »Plinius lesen und den Laokoon finden!«

Der Papst war ebenfalls begeistert, so begeistert, dass er den Fund sofort seiner Antikensammlung einverleibte, auch wenn bei allen drei Figuren jeweils der rechte Arm abgebrochen und nicht auffindbar war. Michelangelo sollte sie ersetzen.

Felice de Fredi, auf dessen Grund die Marmorgruppe gefunden worden war, wurde reichlich entlohnt. Er durfte sein ganzes Leben lang die Zolleinnahmen an einem der römischen Stadttore erhalten, der Porta San Giovanni. Und er bekam die Zusicherung, dass er auf dem Kapitol seine letzte Ruhestätte finden dürfe, in der Kirche Santa Maria in Aracoeli.

Der erste Monat des Jahres 1506 hatte sich für den Papst als äußerst erfolgreich erwiesen und endete mit dem Einzug seiner bestellten und pünktlich eintreffenden Schweizer Garde.

Erkenntnisse

Zwei Briefe von Dürer waren kurz hintereinander aus Venedig angekommen. Doch diesmal bekam Clara zu ihrem großen Bedauern keine Informationen darüber, was in den Briefen stand. Willibald Pirckheimer hatte herzlich gelacht, so laut, dass es Clara bis in die Küche gehört hatte. Mit der Frage »Der Herr hat herzlich gelacht, hat der Herr Dürer etwas Lustiges in Venedig erlebt?« hatte sie es versucht, doch Pirckheimer hatte nur geantwortet: »Ja, herzlich hat der Herr gelacht und jetzt wird er verspeisen, was Ihr Gutes geschmort habt.«

Betrübt verließ Clara die Wohnstube. Es war doch sehr schwierig, an das Wissen der hohen Gelehrten heranzukommen. Sie gaben einer einfachen Frau vom Lande doch nur einen Tropfen davon, wenn es ihnen gerade genehm war. Während Pirckheimer speiste, schlich sich Clara leise in die Schreibstube. Da lag einer der Briefe offen auf dem Pult. Clara starrte verblüfft auf drei kleine Zeichnungen, ein Pinsel, eine Blume und ein Hund, inmitten des Textes. Gedruckte Texte konnte Clara schon ganz passabel lesen, doch Dürers Handschrift – die sie eindeutig als diese erkannte – konnte sie nicht entziffern, so sehr sie sich auch bemühte. Da ging sie doch lieber schnell in die

Küche zurück. Eine bittere Erkenntnis, aber sie musste abwarten, bis ihr der Gelehrte wieder etwas erzählen würde.

Pirckheimer seinerseits fand, dass die Inhalte der beiden Briefe nicht für Clara geeignet waren, auch wenn er sie in ihrem Wissendurst durchaus unterstützte. Clara bekam von ihm Geld, um Lebensmittel einzukaufen, das war ihr Geschäftsbereich. Doch welche Gemälde Dürer für wieviel Dukaten verkauft hatte, das musste sie nicht wissen, und schon gar nicht, dass er drei Tafelbilder gegen drei Ringe eingetauscht hatte, wie es ihm Pirckheimer selbst in Auftrag gegeben hatte. Dass Albrecht Dürer von dem berühmten venezianischen Maler Giovanni Bellini gelobt worden sei und dieser sogar ein Gemälde von ihm haben wolle, da war sich Pirckheimer selbst nicht sicher, ob das den Tatsachen entsprach oder eher der Wunschvorstellung seines Freundes. Und was Dürers Rebuszeichnungen mit Anspielungen auf Pirckheimers Liebschaften betraf, die sollte niemand verstehen, sie waren eine Geheimsprache unter Freunden.

ROM – März 1506

Michelangelo war schlecht gelaunt. Fast den ganzen Februar hindurch hatte es geregnet. Da fehlte das Licht, um eine gute Skulptur zu schaffen. So hatte er die meiste Zeit in dem spärlichen Haus, das man ihm zugeteilt hatte, gezeichnet und an der Konzeption des Grabmals mit den dreißig Statuen gearbeitet. Von seinem Freund Giuliano Sangallo hatte er auch schon seit Tagen nichts mehr gehört, seitdem sie beide den Papst über den sensationellen Fund der Laokoonskulpturen aufgeklärt hatten.

Schon als ihm der alte Diener das Portal öffnete, spürte Michelangelo, dass auch in Sangallos Haus die Stimmung gedrückt war. Auf seine Frage, wo der Hausherr sei, hatte der Diener nur stumm nach oben gezeigt. Im ersten Stock traf Michelangelo auf Sangallos Sohn. »Francesco! Wie schön dich zu sehen!« Doch der Junge schaute ihn nur mit versteinerter Miene an und sagte keinen Ton. »Ist jemand gestorben?« fragte Michelangelo. Francescos verneinende Kopfbewegung zeigte ihm, es musste etwas anderes passiert sein. »Wo ist dein Vater?« Francesco zeigte stumm auf eine Tür. Michelangelo klopfte an, und wartete. Als keine Antwort kam, trat er dennoch ein. Sangallo saß zusammengesunken auf einem Stuhl.

»Giuliano, was ist passiert?«

»Ach Michelangelo«, seufzte Sangallo, »meine Ära ist zu Ende. Der Papst hat sich für Bramante entschieden.«

»Wie? Was soll das heißen, der Papst hat sich für Bramante entschieden?«

»Die neue Peterskirche wird nach Bramantes Plänen gebaut, meine hat er abgelehnt.«

»Das kann er doch nicht machen!« Michelangelo war empört. »Du bist doch der päpstliche Architekt! Du bist doch einer seiner ältesten Freunde!«

»Ja, das war ich, beides war ich, bis jetzt.«

Michelangelo war fassungslos. »Was ist mit dem Papst? Du bekommst den Bauauftrag nicht, und ich bekomme einen Auftrag, aber mein Geld nicht. Galli hat mir das Geld für den Marmor und den Transport vorgestreckt, aber ich muss es ihm zurückgeben, und meinst du, ich würde im Vatikan überhaupt vorgelassen? Giuliano, das darf doch alles nicht wahr sein! Und das, nachdem wir beide es waren, die dem Papst demonstrieren konnten, dass die große Skulpturengruppe die griechische Laokoongruppe ist, die Plinius beschrieben hat. Jetzt ist sie Teil seiner Antikensammlung, und so dankt er es uns? Was ist mit dem Papst?«

Sangallo schüttelte betrübt den Kopf. »Ich weiß es nicht.«

»Ich muss Leo Baglione fragen«, entschied Michelangelo, »ich muss wissen, was dahintersteckt.«

Der Adlige Leo Baglione und Michelangelo kannten sich schon seit zehn Jahren. Baglione hatte von Kardinal Riario damals den Auftrag erhalten, den Bildhauer ausfindig zu machen, der einem römischen Bankier eine kleine Marmorskulptur, einen Cupido, als römische Antiquität verkauft hatte. Im Gegensatz zu dem Bankier, der nicht viel von Kunst, aber viel vom Geschäfte machen verstand – er hatte Michelangelo nur 30 Gulden bezahlt, aber vom Kardinal 200 verlangt – hatte der Kardinal erkannt, dass die kleine Skulptur nicht antik war, aber von einem begnadeten Bildhauer geschaffen sein musste. Kardinal Riario war wie sein Onkel, Papst Julius II., ein großer Kunstmäzen und verübelte den Betrug nur dem Bankier, nicht aber dem Künstler. Den lud er nach Rom ein.

Leo Baglione war überrascht, dass Sangallo und Michelangelo überrascht waren über die Entwicklungen im Vatikan. Er führte den Künstler in den neuen Palazzo, wo Bramante in einer großen Menschenmenge die Entscheidung des Papstes feierte.

»Wer sind alle diese Leute hier?« wollte Michelangelo wissen, der sich als ungebetener Gast fühlte, auch wenn sich niemand an ihm störte.

»Als Künstler sind Sie großartig«, meinte Baglione, »aber was das Gesellschaftliche betrifft, nicht von dieser Welt. Wer diese Gäste alle sind? Natürlich Persönlichkeiten aus dem Vatikan, Adlige, Professoren, Künstlerfreunde Bramantes, Bankiers, Kaufleute.«

›Ah, so einer ist der Bramante‹, dachte Michelangelo für sich, ›einer der sich überall einschleimt und Liebkind macht, was ihm zutiefst zuwider war.

»Schauen Sie her, Michelangelo Buonarroti! Bramante macht kein Geheimnis aus seinen Plänen, hier hängen sie.«

Michelangelo erfasste die Zeichnungen von Grundriss, Aufrissen und Fassaden für die neue Petersbasilika sofort. Welch eine Harmonie in den Proportionen! Er hatte Bramantes kleines Tempelchen im Innenhof des Franziskanerklosters auf dem Gianicolo schon gesehen, das einzige Bauwerk, das er von Bramante kannte. Der kleine Rundbau mit den 16 dorischen Säulen und der Kuppel hatte er als vollendet empfunden. Aber es war ein winziges Gebäude, mehr ein architektonisches Denkmal als ein Gebäude, das die Stelle markieren sollte, auf der der Legende nach das Kreuz Petri gestanden haben soll. Und was sah Michelangelo hier? Bramante konnte vollendete Harmonie, nicht nur in klein, er konnte sie auch in groß, in ganz groß. Sein Künstlerauge war voller Begeisterung – der Papst hatte Recht mit seiner Entscheidung – sein Herz aber voller Trauer für den guten Freund.

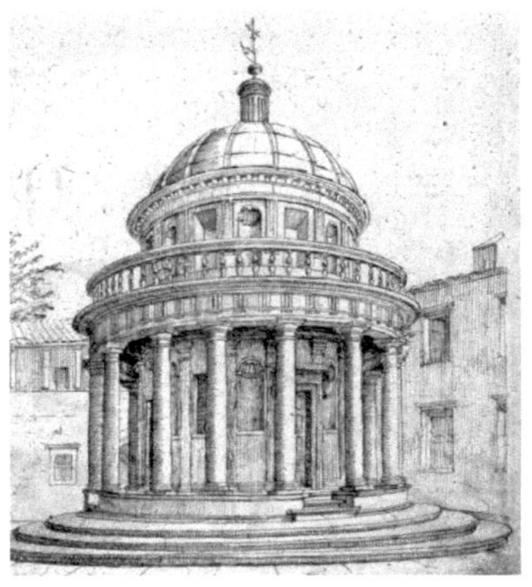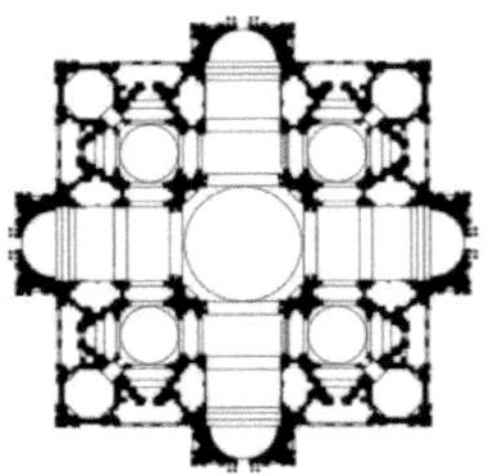

Abb. 3 – Zeichnung von Bramantes Tempelchen und Bramantes Grundriss für die neue Petersbasilika

Zwei Wochen später sollten dieser Erkenntnis zwei weitere folgen. Als Michelangelo im Vatikan die Arbeiter befragte, wozu sie das große Loch gruben, erfuhr er, dass dort schon in einem Monat der Grundstein für die neue Kirche gelegt und vom Papst geweiht werden sollte. Michelangelo war entsetzt. Er erfasste von der räumlichen Position her sofort, dass dies den vollkommenen Abriss der alten Basilika bedeutete. Wie konnte ausgerechnet der Papst dies veranlassen? Das war in seinen Augen ein ungeheuerlicher Frevel, die älteste Kirche der Christenheit in Rom vollkommen zu zerstören. Er tat überall seinen Unmut kund, ohne Rücksicht darauf, wer ihn hörte.

Es war Leo Baglione, der ihn warnte. Wenn er weiterhin den Papst und Bramante so verunglimpfe, dann würde sein eigenes Grabmal eher errichtet werden als das des Papstes, für das er den Auftrag erhalten hatte. Michelangelo mochte Baglione, aber er warf ihm sofort an den Kopf, dass es ja mit dem Auftrag zum Papstgrab sowieso nichts mehr würde. In Kürze käme der zweite Transport von Carraramarmor in Rom an, und er würde vom Vatikan weder sein Geld bekommen, noch erhalte er eine Audienz beim Papst. Er sei wohl jetzt genauso persona non grata wie Sangallo.

»Es tut mir leid um euch beide«, versuchte Baglione Michelangelo zu besänftigen. »Es war nun mal ein Wettbewerb, und da kann nur einer gewinnen, und als Künstler müssen Sie zugeben, dass Bramantes Entwurf besser ist als der Sangallos. Und, Michelangelo Buonarroti, was Ihren Auftrag betrifft, ist mir über Kardinal Riario zu Ohren gekommen, dass einige Leute im Vatikan den Papst davon überzeugen konnten, dass ein Grabmal zu Lebzeiten errichten zu lassen, ein böses Omen sei. Vielleicht überlegt der Papst gerade, welchen anderen Auftrag er für Sie hat, denn

von Ihren Fähigkeiten ist er vollkommen überzeugt.«
Baglione meinte es gut, aber Michelangelo ließ sich
mit solchen Argumenten nicht beruhigen.

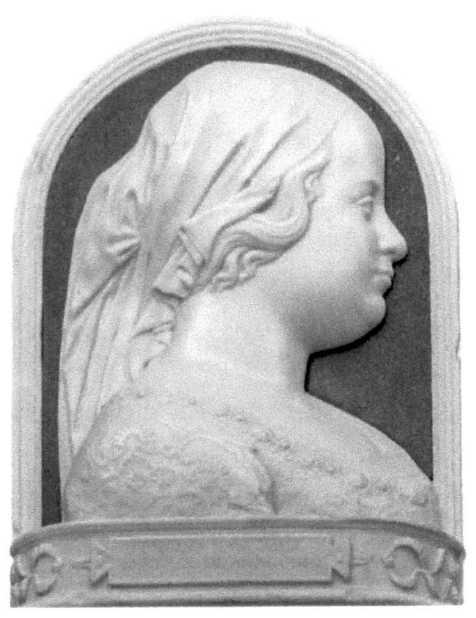

Abb. 4 – Beatrice von Aragon

Wieder und wieder

Auf der Insel Ischia – April 1506

Anna war traurig und fühlte sich einsam. Ihre Brüder waren Fischer und sie hätten sie ganz bestimmt auch als erwachsene Frau immer mit Essen versorgt. Was brauchte sie sonst zum Leben, außer guter Luft, der Sonne Neapels und der Freundschaft ihrer Geschwister? Doch ihre Eltern waren von ihrer Überzeugung nicht abzubringen gewesen, dreizehn Kinder waren zu viel, Anna musste mit fünfzehn ins Kloster. Und da stand sie nun der Oberin gegenüber.

»Anna, du kümmerst dich um Donna Beatrice! Sorge für sie und vor allem höre ihr zu, auch wenn ihre Geschichten Stunden dauern und sie sie immer wieder und wieder alle wiederholt!«

Anna nickte gehorsam und folgte der Klosterschwester, die sie zu einem Raum in einem kleinen Seitengang führte. Irgendwie fand sie es tröstlich, dass sie jemandem zuhören sollte, dann fühlte sie sich vielleicht nicht mehr so einsam.

Als die Tür hinter ihr geschlossen worden war, näherte sich Anna vorsichtig der kleinen rundlichen Frau um die fünfzig, die in einem großen Stuhl saß und aus dem kleinen Fenster schaute.

»Gott grüße Sie, Donna Beatrice. Ich bin Anna. Die Oberin hat mich zu Ihnen geschickt.«

Die kleine Frau wandte langsam den Kopf und betrachtete lange das junge Gesicht. Dann forderte sie Anna mit einer Handbewegung auf, den kleinen Stuhl zu nehmen und sich neben sie zu setzen. »Du bist von hier, mein Kind, nicht wahr? Ich höre es an deinem Akzent.«

»Ja.« Anna nickte mit dem Kopf.

»Ich bin auch hier aufgewachsen, dann war ich lange fort, und jetzt bin ich wieder hier, aber nur, weil mich zwei elendige Männer betrogen haben, ein König und ein Bischof.«

Anna stieß einen kurzen Schreckensschrei aus. Einen Satz solchen Inhalts hatte sie nicht erwartet.

»Wie alt bist du?«

»Fünfzehn«, antwortete Anna.

»Als ich so alt war wie du jetzt, war ich eine Prinzessin, Prinzessin von Neapel.«

Annas Augen wurden größer. Sie hatte schon vom Königshof Neapel gehört. Sie hatte auch schon öfters gehört, dass berühmte Frauen als Witwen ihren Lebensabend in einem Kloster verbrachten. Wenn die kleine Frau vor ihr wirklich eine Prinzessin gewesen war, dann musste sie eine sehr berühmte Persönlichkeit sein.

»Mein Vater war König Ferdinand von Neapel. Mit neunzehn wurde ich Königin«, fuhr Beatrice nach einer Pause fort.

»Sie waren eine Königin?« fragte Anna leise.

»Ja, mein Kind, das war ich, ich war Königin von Ungarn.«

»Wo ist Ungarn?« fragte Anna, die noch nie etwas von diesem Land gehört hatte.

»Das ist weit weg von hier, nordöstlich von dem großen Gebirge. Da scheint die Sonne viel weniger als hier in Neapel.« Beatrice wandte für einen Moment den Kopf wieder zum Fenster, als könne sie dort draußen am Horizont das Land Ungarn erblicken.

Anna dachte sich wiederum, welch ein Segen, dass das Kloster nicht so weit weg war von ihrem Geburtsort, dass das Klima dasselbe war und dass sie die Sprache der Menschen verstand. Wie einsam musste die kleine Frau in der Ferne gewesen sein. Da sie von Betrug gesprochen hatte, hatte sie der König von Ungarn ganz sicher mit vielen Geliebten betrogen, wie das so viele mächtige Männer taten. »Sie waren sicher sehr einsam.«

»Nein, nein, mein Kind«, widersprach Beatrice energisch, »ich war nicht einsam. Ich hatte wunderbare Menschen um mich. Gelehrte, Künstler… es war ein gutes Leben am ungarischen Königshof. Nur…« Beatrice verstummte und schaute wieder aus dem Fenster.

Anna schwieg und wartete geduldig.

»Nur«, fuhr Beatrice nach einer sehr langen Pause fort, »Gott hat uns keine Kinder geschenkt.«

Anna schwieg und schaute die kleine Frau mitfühlend an.

»Ich war Königin von Ungarn«, seufzte Beatrice, »doch als der König starb, mein guter Mann Matthias, war ich den Feinden ausgeliefert.«

Anna verstand, der König, der Beatrice betrogen
hatte, war also ein anderer König als ihr Ehemann
gewesen.

»Matthias Corvinus war ein wunderbarer König,
auch wenn er viele Kriege führen musste. Er war vier-
zehn Jahre älter als ich und schon zehn Jahre lang
Witwer als wir heirateten. Das Kind aus seiner ersten
Ehe war eine Totgeburt. Das Kind dazwischen, der
Johann, der war unehelich.«

Anna musste sich konzentrieren. Meinte Beatrice
mit Betrug des Königs dieses Kind? Hatte er es ihr
vor der Heirat verheimlicht?

»Ich bin nur hier, weil mich zwei elendige Männer
betrogen haben, ein König und ein Bischof«, wieder-
holte Beatrice. »Mein guter Mann Matthias hat mich
nicht betrogen, nein, es war der Sohn des polnischen
Königs, Vladislav, ja der Vladislav, er wurde mein
zweiter Mann. Er ist schuldig, weil er so schwach war,
ein sehr schwacher Mann. Die Adligen sind ihm auf
der Nase rumgetanzt. Der schlimmste von ihnen war
der Bischof Bakócz.« Beatrice schaute wieder lange
aus dem Fenster, bis sie weitersprach: »Der elendige
Bakócz war durch und durch hinterhältig. Als mein
guter Matthias noch lebte, war der Bakócz einer seiner Sekretäre, wurde von ihm sogar zum Bischof ernannt. Nach dem Tod meines Mannes wurde Bakócz
Kardinal und hat die Außenpolitik von Ungarn bestimmt. Er hat mich und Vladislav getraut. Ich weiß
nicht, was er in die Heiratsurkunde geschrieben hat,
doch der Papst hat unsere Ehe für ungültig erklärt.«

»Der Papst?« fragte Anna vorsichtig, obwohl sie wusste, dass nur der Papst eine Ehe für ungültig erklären konnte.

»Nicht der neue Papst, nein, Papst Alexander, der Spanier. So war ich keine Königin mehr und musste Ungarn verlassen.«

Anna schwieg und wartete ab.

»Und dann kam ich nach Neapel zurück, zu meinem Bruder, und das Elend ging weiter. Auch er wurde betrogen, vom französischen König und vom spanischen Papst.«

»Oh heilige Mutter Gottes«, flüsterte Anna und bekreuzigte sich.

»Ich bin müde«, seufzte Beatrice, »mein Kind, hilf mir, mich zu betten. Morgen erzähle ich dir mehr.«

Anna tat, wie ihr geheißen. Sie würde sich gerne um die kleine Frau kümmern, die mal eine Königin gewesen war. Sie musste viel erlebt haben, sie würde ihr noch viel erzählen können.

MANTUA – April 1506

Isabella d'Este Gonzaga, Marchesa von Mantua, sank auf einen Sessel und rang nach Luft. Ihr Vertrauter, Luigi, war gerade aus Florenz zurück und hatte ihr zwei Nachrichten übermittelt. Luigi hatte sich bewusst dafür entschieden, sofort beide mitzuteilen, auch wenn sie beide negativ waren, aber er war sich nicht so sicher, welche von beiden für die Marchesa die schlimmere war.

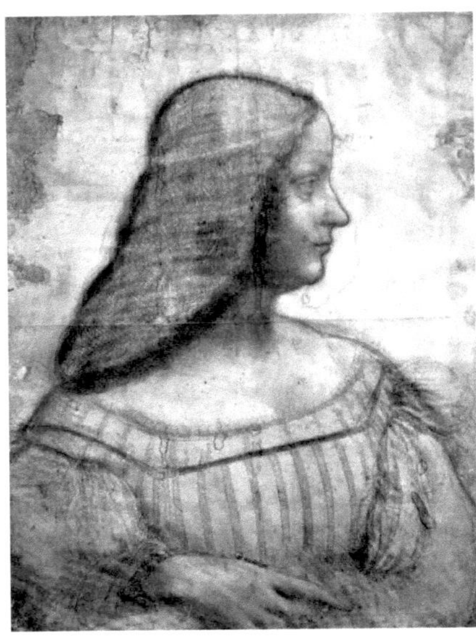

Abb. 5 –
Isabella d'Este
Gonzaga

Nachdem sich die Marchesa etwas erholt hatte, konnte sie in Ruhe Luigis Botschaften überdenken. Durch Bestechungsgelder war es Luigi gelungen, in Abwesenheit von Leonardo da Vinci in sein Atelier zu kommen. Er hatte sich persönlich davon überzeugt, dass der Künstler das Porträt von der Marchesa noch nicht einmal begonnen hatte, obwohl er eine Skizze von ihr schon vor sechs Jahren gezeichnet hatte. Stattdessen stand ein anderes Frauenporträt auf der Staffelei, scheinbar kurz vor der Vollendung. Luigi hatte vermutet, es könne eine Auftragsarbeit für einen Witwer sein, denn die Porträtierte trage einen schwarzen Schleier und keinen Schmuck. Dass er das Gefühl gehabt hatte, sie verfolge ihn mit ihren Blicken durch das Atelier, war für Isabella nicht von Bedeutung. ›Nun gut‹, dachte sie sich, ›ein anderes Frauenporträt ist die weniger schlechte Nachricht. Sollte Leonardo andere Frauen malen, Porträts zu malen, gehörte schließlich zu seinem Beruf. Aber ihr das ihrige zu verweigern, das war ein Affront.‹

Isabella d'Este Gonzaga hatte am Hof von Mantua zahlreiche Gelehrte und Künstler zu Gast, und blieb stets mit ihnen auch in brieflichem Kontakt. Leonardo da Vinci hatte sie wieder und wieder geschrieben, sie wusste nicht mehr, wie oft. Er hatte alle ihre Briefe ignoriert.

Die zweite Nachricht war viel brisanter. Luigi hatte berichtet, dass Leonardo von einem Schiedsgericht verklagt worden war, weil er ein Altarbild noch immer nicht vollendet hatte. »Seit dreiundzwanzig…«, hatte Luigi den Satz begonnen, und Isabella hatte ihn unterbrochen, dreiundzwanzig Monate seien knapp zwei Jahre, sie warte schließlich schon sechs Jahre. Dann wurde sie Luigis Blick gewahr, der seinen Satz vollendete: »Nicht dreiundzwanzig Monate, Marchesa, sondern dreiundzwanzig Jahre.«

Diese Nachricht war wirklich ein Schock. Leonardo war ein begnadeter Künstler, aber wie konnte sie, die Marchesa von Mantua, auf ihr Porträt hoffen, wenn er einen Orden dreiundzwanzig Jahre lang auf ein Altarbild warten ließ? Und nach dem Gerichtsurteil hatte die Vollendung dieses Altarbildes Vorrang vor allen anderen Gemälden.

Als Isabella zu der Einsicht gekommen war, dass aufgrund von Luigis Nachrichten ein weiterer Brief an Leonardo sinnlos war, schrieb sie erstmal an ihre Schwägerinnen. Seit dem Tod ihrer jüngeren Schwester Beatrice vor vier Jahren, war der Kontakt zu Elisabetta in Urbino und Lucrezia in Ferrara noch enger geworden.

ROM – April 1506

Michelangelo kochte vor Wut. Er war jetzt jeden Tag aufs Neue zum Vatikan gegangen, um beim Papst vorgelassen zu werden, um von ihm persönlich zu erfahren, ob der Auftrag für das Papst-Grabmal noch galt, und um das Geld für die Marmorblöcke zu bekommen. Doch die Wache ließ ihn jedes Mal nicht vor, und schickte ihn nach einer Wartezeit immer wieder weg.

An einem Tag kam per Zufall der Bischof von Lucca vorbei und war empört: »Wisst ihr nicht, wer der Mann ist? Michelangelo, der Bildhauer des Papstes!« Doch die Wache sagte, sie hätten ihre Order vom Papst und Michelangelo bekam wieder keine Audienz. Michelangelos Geduldsfaden war gerissen. Er nahm sich ein Pferd und machte sich auf den Weg nach Florenz. Dort wussten sie ihn zu schätzen.

Michelangelo hatte schon Siena und damit den größten Teil der Strecke hinter sich, als ein Reitertrupp mit Baglione an der Spitze ihn einholte. »Hier ein Schreiben des Heiligen Vaters. Er befiehlt Ihnen nach Rom zurückzukehren, unverzüglich! Falls Sie sich weigern, droht Ihnen die Strafe seiner Ungnade.«

»Warum wurde ich dann immer wieder abgewiesen?« fragte Michelangelo trotzig, »die Wachen haben es selbst gesagt, auch in Anwesenheit eines Bischofs, dass sie mich auf Anordnung des Papstes abweisen müssen.«

»Michelangelo Buonarroti! Wenn der Heilige Vater anordnet, Sie sollen warten, dann müssen Sie warten, ob es nun eine Woche, einen Monat oder ein Jahr dauert.«

Michelangelo war hin und hergerissen. Ihm war bewusst, weigerte er sich, würde er nicht nur sich selbst, sondern auch seinen hilfreichen Freund Baglione in Schwierigkeiten bringen. Er überlegte lange, dann entschied er: »Ich habe vom Heiligen Vater persönlich den Auftrag zu seinem Grabmal bekommen. Der gilt für mich noch immer. Dass er das Grabmal nicht mehr will, das ist alles nur ein Gerücht. Baglione, richten Sie dem Heiligen Vater bitte aus, dass ich weiter an seinem Grabmal arbeite, aber nicht in Rom, sondern in Florenz.«

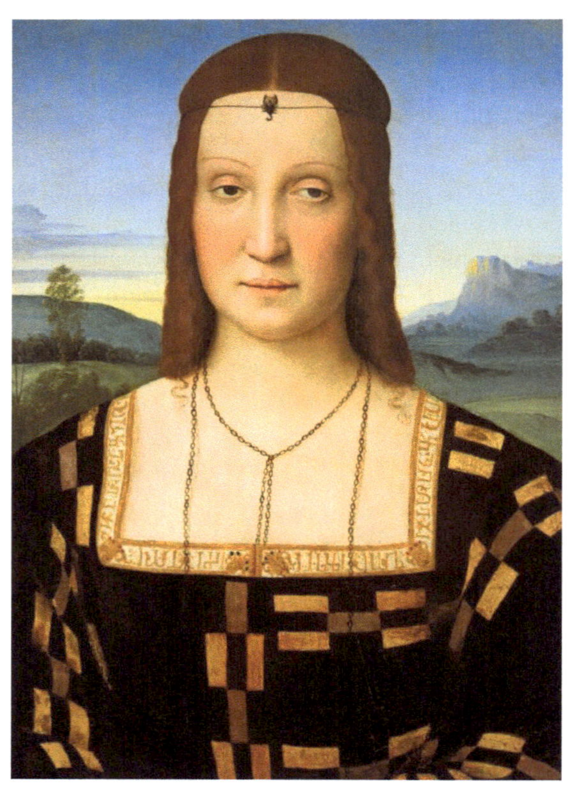

Abb. 6 – Elisabetta Gonzaga Montefeltro

Auf der Suche

URBINO – Mai 1506

Elisabetta Gonzaga Montefeltro, Herzogin von Urbino, öffnete die Fensterflügel, um die milde Mailuft in den Palazzo zu lassen. Beim Blick aus dem Fenster sah sie im Garten ihren Ehemann, in ein Gespräch vertieft, mit Pietro Bembo, dem venezianischen Gelehrten. Sie wollte geduldig warten, bis die beiden Männer ihren philosophischen Gedankenaustausch beendet hatten. Dann wollte sie Guidobaldo um Rat fragen, wie sie gemeinsam am besten auf Isabellas Brief aus Mantua reagieren sollten.

Im Sommer 1502 hatte der kriegerische Cesare Borgia Urbino überfallen und sie ins Exil vertrieben. Er hatte alles aus dem Palazzo Ducale geraubt, was sich transportieren ließ: Truhen voller Goldmünzen und Silbergeschirr, Möbel, Wandteppiche, Gemälde, antike Kunstwerke und ihre wertvolle Bibliothek.

Ihrer Schwägerin Isabella war es damals gelungen, ein paar wenige der geraubten Kunstschätze Cesare abzuluchsen. Nach dem Tod von Cesares Vater, Papst Alexander VI., waren Elisabetta und ihr Mann nach Urbino zurückgekehrt. Seitdem versuchte sie, ihre verlorenen Schätze wiederzufinden und zurückzubekommen. Mit einer Weigerung ihrer Schwägerin hatte sie nicht gerechnet. Sollten die Kunstwerke besser in

Mantua verbleiben, in Isabellas Kunstsammlung? Mantua war Elisabettas Elternhaus, und wann immer sie ihren ältesten Bruder besuchen würde, könnte sie sich an ihnen erfreuen. Vielleicht waren sie dort wirklich sicherer als in Urbino? Cesare Borgia sei in Spanien in Gefangenschaft, aber wer konnte schon sagen, ob er nicht nochmals nach Italien zurückkehren würde? Sollten sie und ihr Mann die Kunstwerke Isabella zum Geschenk machen? Zu ihrem 32. Geburtstag? Oder als Geste der Wertschätzung? Isabella hatte vor knapp einem Jahr der Verlobung ihrer ältesten Tochter Eleonora mit dem zukünftigen Herzog von Urbino, ihrem Adoptivsohn Francesco, zugestimmt.

Während all diese Gedanken Elisabetta durch den Kopf gingen, ruhte ihr Blick auf den zwei Porträts, die der junge Raffael kurz nach ihrer Rückkehr von ihr und ihrem Mann gemalt hatte. Sie bedauerte sehr, dass der Künstler Urbino verlassen hatte, aber sie konnte ihn auch verstehen. Raffael war in Urbino geboren und hatte dort studiert. Mit 21 wollte er mehr von der Welt sehen und vor allem in der Malerei lernen, und so war er nach Florenz gegangen, um die Werke seiner Vorbilder, Leonardo und Michelangelo zu studieren.

Am Nachmittag war es Pietro Bembo, der vom Palazzo aus durch ein Fenster auf den Garten blickte und das Herzogenpaar sah, ins Gespräch vertieft.

Bembo hatte Altgriechisch und Philosophie studiert und Bücher geschrieben. Er war noch immer auf der

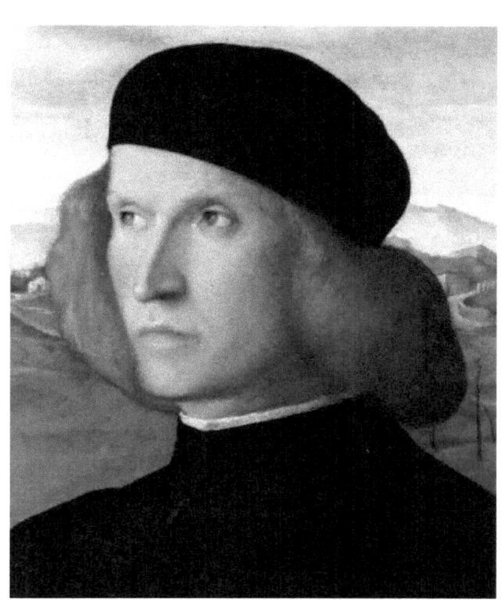

Abb. 7 –
Pietro Bembo

Suche nach einer ihn erfüllenden Lebensaufgabe. Wie sein Vater, Botschafter der Republik Venedig, hätte Pietro Bembo gerne in diplomatischen Diensten gearbeitet. Noch hatte sich keine Gelegenheit ergeben und so hatte er erst einmal mit Freude die Einladung der Herzogin an den Hof von Urbino angenommen.

Es war ein Genuss, sich mit so gebildeten Menschen auszutauschen, aber noch mehr bewunderte Bembo die Tapferkeit dieses Paares. Besonders die Herzogin hatte eine Charakterfestigkeit, wie sie Bembo noch nie bei einer Frau erlebt hatte. Wie beschämend musste es für sie gewesen sein, als die Borgia – Vater wie Sohn – die Impotenz ihres Mannes öffentlich gemacht hatten und sie für machtpolitische Ziele einsetzten. Der Papst hatte die Ehe kurzerhand annulliert. Guidobaldo sollte auf das Herzogtum Urbino verzichten, stattdessen Kardinal werden, und Elisabetta einen französischen Aristokraten heiraten. Nicht nur Bembo war tief beeindruckt gewesen, mit welchem Mut, mit welcher Ruhe und mit welcher Standfestigkeit sich Elisabetta geweigert hatte. Sie würde Guidobaldo niemals verlassen, und wenn sie gemeinsam sterben müssten. Auch die Exkommunikation änderte nichts am Zusammenhalt des Paares, das zunächst Zuflucht in Mantua gefunden hatte. Doch Cesare drohte Francesco Gonzaga mit der Zerstörung Mantuas, wenn er weiterhin seiner Schwester und ihrem Mann Asyl gewähre. Um die Gefahr zu bannen, hatte sich das Paar auf die Suche nach einem anderen Exil begeben. Die Republik Venedig wurde ihre Rettung. Auch die Venezianer wurden von den Borgia bedroht, doch sie blieben standhaft und lieferten das Paar nicht aus. Nun waren Elisabetta und Guidobaldo seit zwei Jahren zurück, und der Hof in Urbino konnte wieder erblühen.

Nördlich von AUGSBURG – Mai 1506

Willibald Pirckheimer lief unruhig in der Stube hin und her. »Du bist dir ganz sicher, Clara, es ist kein versiegeltes Büchslein abgegeben worden und kein Brief aus Venedig?«

Clara faltete wie zur Beschwörung die Hände: »Aber mein Herr, Sie haben den Brief doch in der Hand!«

»Den mein ich doch nicht«, wiegelte Pirckheimer ab, »das hier ist der neueste Brief, in dem Dürer fragt, warum ich mich für das Büchsle noch nicht bedankt habe.«

»Aber wenn ich's Ihnen doch sage«, Clara war den Tränen nahe, »es ist kein Bote da gewesen.«

»Beruhige dich Clara! Beruhige dich! Ich verdächtige dich doch nicht, ich brauche nur Klarheit.« Nach einer Pause fuhr er fort: »Clara, ich muss nach Augsburg, zu Hans Imhoff. Dürer erwähnt ihn. Vielleicht war der Bote dort. Ich muss mich auf jeden Fall auf die Suche nach dem Büchsle machen, es ist wichtig.« Der ansonsten gelassene Pirckheimer war unruhig. Er hatte Dürer den Smaragdring nach Venedig zurückgeschickt. Dürer hatte den Empfang bestätigt und den lang ersehnten Saphirring erworben und an Pirckheimer in einer versiegelten Metallbüchse mit einem zusätzlichen Brief geschickt.

»Außerdem muss ich eine Lehrstelle für den Hans suchen«, fügte Pirckheimer unvermittelt hinzu.

Clara sah ihn fragend an.

»Dürers jüngster Bruder Hans. Er ist jetzt fünfzehn, und Dürer drängt darauf, dass er endlich von der Mutter loskommt und beim Maler Wolgemut in die Lehre geht. Ich soll mich drum kümmern. Aber erstmal muss ich Dürers Büchsle finden.«

VENEDIG – Mai 1506

Während Pirckheimer auf der Suche nach Dürers Saphirring war, war Albrecht Dürer selbst auf der Suche nach einem Weg, einer venezianischen Geset-

zesvorschrift zu entkommen. Es gelang ihm nicht. Er
musste eine saftige Gebühr in die Kasse der Maler-
gilde entrichten, als Entschädigung an die venezianischen Maler für entgangene Aufträge. Dürer sei
schließlich nicht nur als Gast nach Venedig gekommen, sondern führe vor Ort einen großen Auftrag der
deutschen Kaufleute aus.

Elisabettas Bruder, Sigismondo Gonzaga, war in venezianischen Druckereien und Bibliotheken auf Spu-
rensuche nach geraubten Schätzen aus der Bibliothek
seiner Schwester.

Der Augsburger Kaufmann Hans Buchmeister verließ
Venedig. Er hatte erfahren, dass der große Seefahrer
und Entdecker Christophorus Columbus in Spanien
gestorben war. Buchmeister wollte sich auf die Suche
nach Schätzen aus Columbus' Nachlass machen.

FLORENZ – Mai 1506

Da Michelangelo weiterhin hartnäckig die Rückkehr
nach Rom verweigerte, forderte Papst Julius II. in
einem Schreiben, die *Signoria* – die Regierung der Republik Florenz – auf, den Künstler unverzüglich nach
Rom zurückzuschicken, andernfalls fiele ganz Florenz
in Ungnade. So suchte die Signoria nach einem Weg,
Michelangelo zu überzeugen, denn bestechen ließ er
sich nicht, auch wenn die Medici – die mächtigen
Bankiers in Florenz – ihm noch so viel Geld angebo-

ten hätten. Der Papst sei Stellvertreter Gottes auf Erden und wenn er dem Papst nicht gehorche, dann gehorche er Gott nicht. Michelangelo schüchterte diese Mahnung nicht ein, aber er erkannte sehr wohl die Gefahr seines Handelns für seine geliebte Stadt Florenz. Er könne nach Frankreich auswandern, schlug er vor. Was um Himmels Willen er sich vorstelle, die Macht des Papstes reiche über ganz Europa. Florenz, die Signoria, ebenso wie die Bevölkerung, schätzten Michelangelo sehr. Sein David war ein geniales Kunstwerk, aber sie waren sich einig, einen Konflikt mit dem Papst konnte sich Florenz nicht leisten. Die Freie Republik hatte keine eigenen Truppen, Michelangelo musste nach Rom zurück, ganz gleich, welche Konsequenzen es für ihn haben sollte.

Die Signoria hatte noch kein treffendes Argument gefunden, da war der Künstler spurlos verschwunden, niemand wusste wohin. Michelangelo hielt sich in Florenz, in einem unterirdischen Raum unter einer Kirche versteckt.

Rom – Mai 1506

Nicht mehr auf der Suche war Papst Julius II. Er hatte den passenden Ehemann für seine uneheliche Tochter Felice della Rovere gefunden, Gian Giordano Orsini. Er war Witwer, zwanzig Jahre älter als Felice und ein tüchtiger Söldnerführer. Vor allem gehörten die Orsini zu den ältesten Adelsfamilien in Rom. Das war politisch günstig, eine solche Familie an sich zu binden, und seine Tochter konnte in Rom bleiben.

In einem römischen Palazzo wurde am 24. und 25. Mai die Hochzeit gefeiert. Felice fühlte sich gedemütigt, denn ihr Vater blieb der Hochzeit fern. Doch Julius II. wollte kein öffentliches Aufsehen und besänftigte seine Tochter einen Monat später mit einem Bankett im Vatikan.

Gesetze und Schätze

FERRARA – Mai 1506

In Urbino hatte Isabellas Brief an Elisabetta für etwas Irritation gesorgt, ihr Brief an ihre andere Schwägerin in Ferrara wurde mit Dankbarkeit aufgenommen. Für Lucrezia Borgia d' Este waren ihre beiden Schwägerinnen – die sechs Jahre ältere Isabella und die neun Jahre ältere Elisabetta – wie große Schwestern. Beide hatten Lucrezia Borgia nicht verurteilt, obwohl sie die Tochter von Papst Alexander VI. und die Schwester des kriegerischen Cesare war, hatten ihren wahren Charakter erkannt, sahen sie mit dem Herzen.

Als Lucrezias Hochzeitszug, auf dem sie Elisabetta ab Urbino begleitete, in Ferrara eintraf, wurde er von dem Bräutigam, Alfonso d' Este, seinem Vater, Ercole d' Este, und seiner Schwester Isabella empfangen, die eigens von Mantua gekommen war. Isabella hatte Lucrezia bei dem Neuanfang unterstützt, hatte ihr nach dem Verlust ihrer ersten beiden Kinder Mut gemacht. Eine Prophezeiung von Isabella hatte sich schon bewahrheitet. Wenn sie, Lucrezia, erst einmal Herzogin sei, dann würden ihr die Herzen der einfachen Menschen zufliegen. Als Herzogin könne sie Entscheidungen treffen, durch Wohltätigkeit viel Gutes bewegen und begabte Menschen fördern.

Dieser Zeitpunkt war schneller gekommen, als ihn Lucrezia erwartet hatte. Am 25. Januar 1505 hatte Alfonso d'Este die Nachfolge seines Vaters angetreten, und Lucrezia war seitdem Herzogin von Ferrara. Das Militär war Alfonsos Leidenschaft und als Heerführer war er oft unterwegs. Von Beginn an überließ er seiner Frau nicht nur die Förderung der höfischen Kultur, sondern vertraute ihr in seiner Abwesenheit auch Staatsangelegenheiten an.

In ihrem Antwortbrief an Isabella schrieb Lucrezia über ihre jüngste Entscheidung. Sie habe gesehen, dass die jüdische Bevölkerung in Ferrara verspottet und auch misshandelt werde. So habe sie jetzt ein Gesetz zu ihrem Schutz erlassen und eine strenge Bestrafung der Schuldigen befohlen.

ROM – Juni 1506

Papst Julius II. – Nachfolger von Lucrezias Vater, Papst Alexander VI. – baute seine wichtigste Geldeinnahmequelle aus, den Ablasshandel. Er brauchte viel Geld für den Neubau des Petersdoms, der die größte Kirche der Christenheit werden sollte. Ablassbriefe waren bereits bekannt. Dieses kirchliche Dokument bestätigte den Gläubigen, dass ihnen die Strafen für ihre Sünden erlassen wurden. Auch für Verstorbene und Familienangehörige konnten sie erworben werden. Neu war, sie nicht mehr von Hand schreiben zu lassen, sondern in vorgedruckter Form in Umlauf zu bringen. Das sparte eine Menge Zeit und erhöhte die Einnahmen beträchtlich.

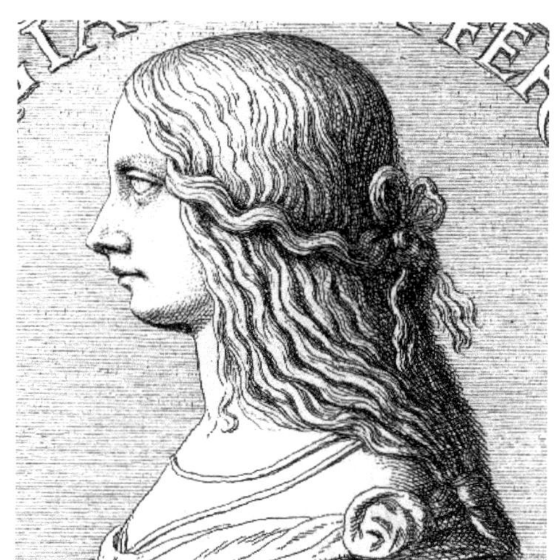

Abb. 8 –
Lucrezia
Borgia d'Este

VENEDIG – Juni 1506

»Ich nehme jetzt erstmal nur den Roman, die Bibel und das Stundenbuch mit«, sagte Giacomo und verbarg die drei Bücher unter seinem Umhang.

»Aber Giacomo! Ich bitte dich«, wandte der Buchdrucker Giunta ein, »du wirst doch wohl mehr als drei Bücher auf einmal tragen können. Und das Stundenbuch ist doch winzig klein.«

Giacomo schüttelte den Kopf. »Signor Giunta, meine Spezialität als Bote ist die Geschwindigkeit. Ich bin flink auf den Beinen. Das ist wichtig, um Verfolger abzuschütteln, die zu gerne wissen wollen, welche Kunden ich beliefere. Das darf nicht passieren. Wenn ich alle Bücher auf einmal nehme, bin ich nicht flink genug. Ich komme nachher wieder und hole die anderen Bücher.«

Der Buchdrucker legte schweigend den Bücherstapel beiseite. Giacomo hatte ein paar kuriose Angewohnheiten, aber er war immer zuverlässig.

Giacomo hatte in Windeseile den Roman, die Bibel und das Gebetbuch im Miniaturformat abgeliefert und war mit einem großzügigen Honorar belohnt worden. Er musste lächeln, sein *pomo d'ambra* hatte wieder gewirkt. Die aus Metall gestanzte, meist versilberte oder vergoldete Kugel wurde normalerweise von vornehmen Aristokratinnen — auch als Schmuck — getragen. Sie wurde mit Moschus, Ambra, Pomeranzen oder mit Rosenwasser verfeinerten Gewürzen gefüllt. Ihr Duft erquickte die Trägerin und diente als

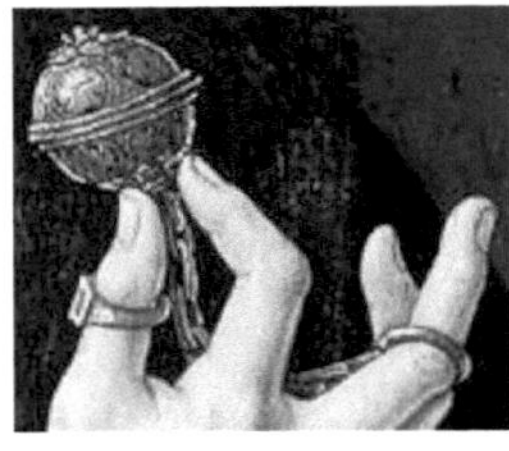

Abb. 9 – Pomo d'ambra

Schutz vor unangenehmen Gerüchen. Giacomo trug immer einen *pomo d'ambra* unter seinem Umhang, denn besonders Bücher nahmen sehr schnell den guten Duft an und hatten schon viele Kundinnen dazu verführt, ihn außergewöhnlich großzügig zu belohnen.

Mit einem Buch ganz anderer Art befasste sich der *Große Rat*, der venezianische Adel, der die Regierung Venedigs bildete. Es wurde ein Geburtsregister vorbereitet. In ein Goldenes Buch – Libro d'oro di nascita

– sollten ab September 1506 alle Kinder der ratsfähigen Familien eingetragen werden. Wenn die Söhne 21 Jahre alt waren, wurden sie so automatisch Mitglied des *Großen Rates*.

MÜNCHEN – Juni 1506

Nördlich der Alpen bereitete der Wittelsbacher Herzog von Bayern, Albrecht IV., eine andere neue Gesetzesregelung für die junge Generation vor. Nach dem Landshuter Erbfolgekrieg sollte das stark zersplitterte Herzogtum Bayern wiedervereint werden. Das neue Primogeniturgesetz legte fest, dass künftig nur der Erstgeborene das Recht hatte, zu herrschen und Krieg zu führen. Jüngere Söhne sollten mit Titeln und jährlichen Renten entschädigt werden.

INNSBRUCK – Juni 1506

Maximilian I. gab sechs Wochen nach Erlass des neuen bayerischen Gesetzes seine Zustimmung.

Sein eigenes Anrecht auf die Nachfolge seines Vaters – Kaiser Friedrich III. – hatte Maximilian schon vor zwanzig Jahren erworben, als er 1486 in Aachen zum König des Heiligen Römischen Reiches gekrönt worden war. Seit dreizehn Jahren war sein Vater nun schon tot, und Maximilian hatte das Anrecht, vom Papst zum Kaiser gekrönt zu werden. Doch irgendwie fand er nicht die Zeit für eine Reise nach Rom.

Viel mehr interessierten Maximilian die Musik und der Klang eines neuen Instrumentes, das er für seinen hochgeschätzten Hoforganisten, Paul Hofhaimer, in

Auftrag gegeben hatte. Die kleine Orgel – nach der Form ihrer Pfeifen *Apfelregal* genannt – sollte sich als gelungenes Werk erweisen. Ihr Klang war weich, voll, farbenreich und lebendig, und vor allem – ein wahrer Schatz für einen Herrscher, der viel auf Reisen war – sie war die erste Orgel, die sich transportieren ließ.

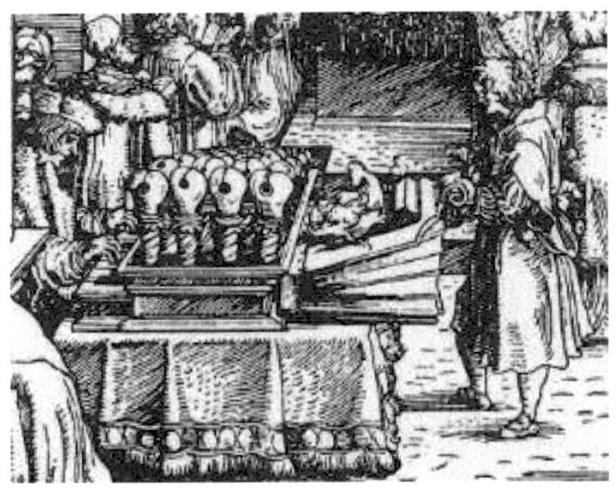

Abb. 10 – Ein Apfelpfeifenwerk,
die neue kleine tragbare Orgel

Lebensgefährliche Verwandtschaft

Isabella d'Este Gonzaga war entsetzt. Ihre jüngeren Brüder lagen schon seit letztem Jahr im Zwist, und jetzt trachteten sie sich noch gegenseitig nach dem Leben! Was für ein Alptraum!

Dabei hatten sich die Zeiten doch zum Guten gewandt, seit der Borgia-Papst, Alexander VI., vor drei Jahren gestorben war. Elisabetta war mit ihrem Mann Guidobaldo nach Urbino zurückgekehrt. Eleonora, Isabellas Tochter, war mit Elisabettas Adoptivsohn Francesco verlobt. Da er ein Neffe von Julius II. war, standen Urbino und Mantua unter dem Schutz des jetzigen Papstes. Auch Ferrara ging es gut. Isabellas ältester Bruder Alfonso war der neue Herzog und hatte seine Frau Lucrezia immer mehr zu schätzen und zu lieben gewusst, und – was mindestens so wichtig war – Papst Julius II. hegte keinerlei Groll gegen Lucrezia, auch wenn sie eine Borgia war, und ihr Vater und ihr Bruder seine ärgsten Feinde.

Hatte ihr Vater, Ercole d'Este, von den schwelenden Aggressionen zwischen seinen Söhnen Ippolito, Ferrante und seinem unehelichen Sohn Giulio gewusst? Erst seit dem Tod des Vaters, im Januar letzten Jahres, war der Bruderzwist ausgebrochen, zunächst zwischen dem 27-jährigen Ippolito und seinem nur ein Jahr älteren Halbbruder Giulio. Eifersüchtig neideten sich die beiden alles, ob Geliebte oder Musiker, ob Frauen oder Männer. Im November letzten Jahres war es zu einem Kampf gekommen, bei dem Ippolito Giulio so schwer verletzt hatte, dass er ein Auge verlor. Alfonso schickte Ippolito in die Verbannung. Doch Giulio empfand diese Bestrafung als viel zu milde, noch dazu, da er selbst keinerlei Entschädigung bekommen hatte.

Isabella war verzweifelt. Was hätte ihr Vater jetzt unternommen? Wie hätte er seine Söhne zur Raison gebracht? Sie war sich sicher, er hätte es geschafft. Er hatte fünf Jahre zuvor etwas geschafft, was nicht nur Isabella für unmöglich gehalten hatte: er konnte seinen ältesten Sohn davon überzeugen, Lucrezia Borgia, die uneheliche Tochter von Papst Alexander VI., zu heiraten. Wie entsetzt waren damals Isabella und Elisabetta über diese Forderung des Papstes gewesen, ganz zu schweigen von Alfonso selbst.

Mit 21 Jahren war Alfonso damals schon Witwer. Seine erste Frau – Anna Sforza aus dem Herzogtum Mailand – war an der Totgeburt ihres ersten Kindes gestorben. Anna war die jüngere Schwester von Bianca Sforza, der zweiten Ehefrau von König Maximilian I. Dieser war sein ganzes Leben lang seiner ersten Ehefrau, Maria von Burgund, verbunden, seiner großen Liebe. Bianca Sforza hatte er nur geheiratet, weil er dringend Geld brauchte und sie eine astronomische Mitgift in die Ehe brachte. Auch wenn ihre Schwester Anna verstorben war, konnte Maximilian I.

eine Verbindung zwischen dem Herzogtum Ferrara und dem Borgia-Papst auf keinen Fall dulden. Er forderte Ercole d'Este auf, die Forderung des Papstes eindeutig zurückzuweisen. Doch dieser Aufforderung kam Ercole nicht nach, denn er hatte der Heirat schon zugestimmt. Zu seiner eigenen Sicherheit setzte er den Papst aber sofort über die Ablehnung Maximilians in Kenntnis:

> »...jetzt sind Wir durch eine glaubwürdige Person, mit welcher der König gesprochen hat, davon unterrichtet, wie Seine Majestät mißgestimmt ist und sich sehr vorwurfsvoll über Seine Heiligkeit ausläßt und die Verschwägerung tadelt, ...was er auch in an Uns gerichteten Briefen vor Abschluß der Heirat getan hat, indem er uns abriet, diese Verbindung einzugehen, wie Ihr aus den Abschriften jener Briefe ersehen werdet. Wir schicken sie Euch hier beiliegend. Sie wurden den hiesigen Gesandten Seiner Heiligkeit gezeigt und vorgelesen. Obwohl wir nun, was Uns selbst betrifft, nicht viel Wesens von dieser Meinung Seiner Majestät machen, da Wir aus Gründen der Vernunft gehandelt haben und darüber täglich mehr Befriedigung empfinden, so scheint es uns dennoch passend, aus Rücksicht unserer Verbindung mit seiner Heiligkeit und damit Dieselbe Ihrer Weisheit gemäß...sich ein Urteil bilde, Derselben unsere Meinung darüber mitzuteilen....
>
> Ferrara, 23. Oktober 1501«

Ercole d'Este handelte in der Tat aus Vernunftgründen und zeigte seinem Sohn Alfonso auf, wie gefährlich es für Ferrara war, sich Papst Alexander zum Feind zu machen, weil das gleichbedeutend damit war, sich auch dessen kriegerischem Sohn auszuliefern. Cesare Borgia schreckte vor nichts zurück. Er hatte nicht nur Urbino erobert und ausgeplündert, er wütete überall, wohin er auch kam.

Anders als seine Vorgänger, die ihre Kinder als Neffen und Nichten ausgaben, hatte Kardinal Borgia alle seine Kinder in dem Moment öffentlich bekannt gegeben, als er den Stuhl Petri bestiegen hatte, und sie mit Machtbefugnissen überhäuft. Lucrezia galt von seinen neun Kindern als seine Lieblingstochter, was ihn nicht daran hinderte, sie als ein wertvolles Pfand stetig von neuem politisch einzusetzen.

Als Lucrezia elf Jahre alt war, wurde sie mit einem spanischen Adligen verlobt, die Verlobung nach ein paar Monaten wieder aufgehoben.

Ein Jahr später wurde sie mit dem nächsten spanischen Adligen verlobt. Auch diese Verlobung hob ihr Vater wieder auf, als er im selben Jahr, 1492, zum Papst gewählt wurde. Da sollten sich doch noch günstigere Heiratskonstellationen finden lassen.

Seine Wahl fiel auf einen jungen Witwer, den 26-jährigen Giovanni Sforza, Graf von Pesaro. Seine erste Frau, verstorben im Kindbett, war Maddalena Gonzaga gewesen, die jüngere Schwester von Elisabetta, der Herzogin von Urbino. Die Hochzeit fand im Sommer 1493 statt. Das Paar lebte zunächst getrennt, da die Braut für einen Vollzug der Ehe noch zu jung war.

Zwei Jahre später befand sich Giovanni Sforza in einer sehr prekären Situation, in die ihn die Machtgelüste des französischen Königs, Karl III., gebracht hatte. Dieser wollte sich in einem Feldzug das Königreich Neapel aneignen. Dazu verbündete er sich mit dem Herzog von Mailand, Ludovico Sforza, einem entfernten Onkel von Giovanni. Im Söldnerdienst des Papstes und mit ihm nun verwandt, schloss sich Giovanni dem neapolitanischen Heer an, kämpfte gegen die Franzosen, agierte aber gleichzeitig als Spion für Ludovico Sforza. Sein Doppelspiel flog auf. Giovanni fürchtete um sein Leben und floh nach Pesaro. Alexander VI. beschloss eine sofortige Auflösung der Ehe. Giovanni aber wollte eine Annullierung nicht akzeptieren. Daraufhin verkündete der Papst, die Ehe sei wegen Impotenz des Ehemannes nicht vollzogen worden, somit ungültig und aufgehoben. Giovanni Sforza tobte vor Wut und rächte sich seinerseits an den Borgia mit einem Rufmord. Die Ehe sei nur aufgelöst worden, damit Vater und Bruder weiterhin Blutschande mit Lucrezia treiben könnten. Der Papst reagierte mit sofortiger Exkommunikation, Cesare mit der Einnahme von Pesaro. Acht Jahre blieb Giovanni Sforza auf der Flucht, bis zum Tod der Borgia. Papst Julius II. rehabilitierte ihn – schon als demonstratives Zeichen gegen die Borgia – und Giovanni konnte als Graf Sforza nach Pesaro zurückkehren, dort wirken und ein drittes Mal heiraten.

Für die zweite Ehe suchte der Papst für seine Tochter Lucrezia einen sehr jungen Mann aus, Alfonso von Aragón. Er war der Neffe von Federigo I., König von Neapel, und der Neffe von Beatrice, Königin von Ungarn. Die Hochzeit fand 1499 statt und im selben Jahr wurde Sohn Rodrigo geboren. Doch schon das nächste Jahr sollte dem jungen Alfonso den Tod bringen.

1500 war das Jahr, in dem Papst Alexander VI. die politischen Seiten gewechselt und sich mit dem neuen französischen König, Ludwig XII., gegen Neapel verbündet hatte, das Jahr, in dem er die Ehe von Beatrice annullierte und sie den ungarischen Königshof verlassen musste. In dieser neuen politischen Ausrichtung nutzte der junge Alfonso von Aragón den Borgia nicht mehr. Da er mit Lucrezia einen ehelichen Sohn hatte, konnte selbst der Papst diesmal die Ehe nicht annullieren. Gute Freunde warnten Alfonso, dass er in Lebensgefahr sei und er solle flüchten. Doch er liebte Lucrezia und blieb in Rom. Die Stadt war brechend voll mit Pilgern, denn die Katholische Kirche feierte ein Heiliges Jahr. Als Pilger getarnt überfielen am 18. August die von Cesare angeheuerten Männer Alfonso, um ihn zu ermorden. Schwer verletzt konnte er sich in den Vatikan flüchten, wo ihn seine Frau Lucrezia pflegte. Als sich abzeichnete, dass Alfonso wieder gesunden würde, ließ Cesare den Mordanschlag von seinem Hauptmann zu Ende bringen, der sich mit Gewalt Zugang verschaffte und Alfonso erdrosselte. Niemand wagte es, Cesare des Mor-

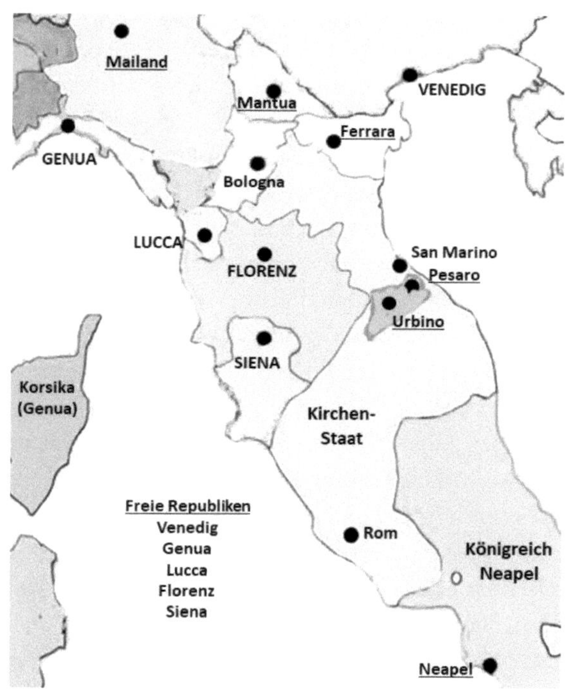

Ludovico **S F O R Z A**
oo Beatrice **D' Este**
MAILAND

Francesco **G O N Z A G A**
oo Isabella **D' Este**
MANTUA

Giovanni **S F O R Z A**
oo Maddalena **Gonzaga**
oo Lucrezia **Borgia**
PESARO

Alfonso **D' E S T E**
oo Anna **Sforza**
oo Lucrezia **Borgia**
FERRARA

Guidobaldo **M O N T E F E L T R 0**
oo Elisabetta **Gonzaga**
URBINO

Alfonso **A R A G Ó N**
oo Lucrezia **Borgia**
NEAPEL

59

des anzuklagen, auch nicht sein Vater, der Papst. Er bedauerte zwar den Tod des jungen Alfonso, doch als junge Witwe war Lucrezia viel leichter wieder neu zu *vergeben*.

Der tote Alfonso sollte durch einen zweiten, bedeutenderen Alfonso ersetzt werden, Alfonso d' Este, zukünftiger Herzog von Ferrara. Schon im November 1500 benachrichtigte der venezianische Botschafter den Großen Rat in Venedig über den neuen Heiratsplan des Papstes. Venedig war alarmiert, Ferrara entsetzt. Herzog Ercole d' Este lehnte das Eheprojekt des Papstes ab.

Ein halbes Jahr später erfuhr ganz Italien, mit welcher Grausamkeit Cesare Borgia und sein Kriegsvolk das Königreich Neapel zerstörten. Die Ermordung Alfonsos von Aragón hatte ihm als Rache nicht ausgereicht, nachdem sich Federigo, König von Neapel, standhaft geweigert hatte, seine Tochter Cesare zur Frau zu geben.

Ercole d' Este erkannte die Gefahr für Ferrara und willigte im Juli 1501 in die Heirat ein, falls ihm der Papst bestimmte Bedingungen zugestehe. 200.000 Dukaten Mitgift und weitere Privilegien, wie die Erlassung des jährlichen Kirchentributs. Alfonso weigerte sich noch immer. Doch für seinen Vater stand die Sicherheit von Ferrara über dem persönlichen Stolz, notfalls würde er an die Stelle seines Sohnes treten und Lucrezia selber heiraten.

Lucrezia, inzwischen volljährig, nahm diesmal selbst Einfluss auf das Geschehen. Es waren ihre Briefe an ihren zukünftigen Schwiegervater, die den Herzog umgestimmt und endgültig überzeugt hatten, einzuwilligen. In der Zeit der Verhandlungen war es – nach Aussage des Gesandten aus Ferrara – wiederum Lucrezia zu verdanken, dass ihr Vater schließlich die hohen Forderungen des Herzogtums Ferrara akzeptierte und erfüllte. Dem Papst gegenüber blieb Ercole d'Este dennoch misstrauisch. Er ließ Alfonso in Ferrara und schickte seine drei jüngeren Söhne – Ferrante, Ippolito und Sigismondo – nach Rom, um die Braut abzuholen. Als Vertreterin von Urbino sollte Elisabetta Lucrezia auf dem Hochzeitszug begleiten, und als Vertreterin von Mantua sollte Isabella Lucrezia am Hofe von Ferrara sie mit empfangen.

Am 6. Januar 1502 startete Lucrezia ihre Reise nach Ferrara, mit etwa 700 Personen und ebenso vielen Pferden und Mauleseln, um ihre große Aussteuer zu transportieren. Sie durfte mitnehmen, wen immer sie wollte, ob Köche, Goldschmiede, Künstler, nur ihren kleinen Sohn Rodrigo musste sie im Vatikan zurücklassen.

Isabella dachte mit Wehmut an diese Hochzeit zurück. Wie diplomatisch hatte ihr Vater damals diese politisch hoch gefährliche und komplexe Situation gemeistert! Wie würde er heute handeln? Was hatte Alfonso vor, der nicht das diplomatische Geschick seines Vaters hatte?

Noch ganz in ihre Grübeleien versunken, schreckte Isabella auf, der Gesandte war aus Ferrara zurück:

»Marchesa«, keuchte er noch ganz außer Atem, »Marchesa, sie sind nicht mehr zu retten. Alfonso hat die Todesstrafe ausgesprochen. Auch Donna Lucrezia hat alles versucht. Vergebens.«

»Auch Ferrante?«, fragte Isabella mit einem letzten Funken Hoffnung.

»Auch Ferrante. Die Beweise für die mörderische Verschwörung sind eindeutig. Ferrante hat mit Giulio und ihren gemeinsamen Anhängern den teuflischen Plan geschmiedet. Ippolito sollte vergiftet werden, Alfonso auf dem Maskenball erstochen, alles damit Ferrante den Herzogthron bekommt. Ferrante ist nicht geflüchtet, er hat sich seinem Bruder zu Füßen geworfen und um Gnade gefleht. Aber der Herzog zeigt kein Erbarmen. Alle werden hingerichtet.«

Meinungsänderung

Während sich in Ferrara eine Familienkatastrophe abspielte, war Willibald Pirckheimer beruhigt auf dem Heimweg. Er hatte in Augsburg den jungen Imhoff gesprochen, und sich das Neueste aus Venedig berichten lassen. Albrecht Dürer sei zwar eine Zeit lang krank gewesen, aber jetzt ginge es ihm wieder gut und er stehe kurz vor der Vollendung des Altarbildes. Imhoff hatte es mit eigenen Augen gesehen und fand es großartig.

Mit eigenen Augen hatte Pirckheimer in Augsburg ein Gemälde von Hans Burgkmair gesehen, das er großartig fand, das Porträt eines jungen Kaufmanns. Burgkmair und Dürer waren sich wirklich ebenbürtig. Für einen kurzen Moment hatte Pirckheimer in Erwägung gezogen, den jungen Hans Dürer in Augsburg bei Burgkmair in die Lehre zu schicken, doch diese Idee wieder verworfen. Albrecht Dürer würde es nicht akzeptieren, es war besser, Hans blieb in Nürnberg und lernte bei Michael Wolgemut.

Wieder zuhause begrüßte ihn seine Haushälterin Clara freudestrahlend: »Wieder ein Brief aus Venedig, vom Herrn Dürer! Ein ganz ein dicker. Bitte, mein Herr, erzählen sie mir, was er schreibt.«

»Immer mit der Ruhe, Clara, ich muss erst etwas essen, aber ich kann dir vorweg schon etwas aus Augsburg berichten«, und Pirckheimer erzählte Clara, was er von Imhoff erfahren hatte.

Nach dem Mahl holte Pirckheimer Clara in die Stube: »Hör zu, Clara, diesmal lese ich dir den Anfang von Dürers Brief vor. Grandissimo primo homo de mundo Woster serfitor, ell schciavo Alberto Dürer disi salus suum mangnifico miser Willibaldo Pircamer.«

Clara schaute betrübt: »Ist das Latein? Ich versteh doch kein Latein.«

Pirckheimer, der griechische und lateinische Bücher ins Deutsche übersetzte, lachte: »Wenn das mal Latein wäre, von wegen. Dürer gibt an, er will mir zeigen, wie gut er schon Italienisch kann, aber das ist ein ganz schönes Kauderwelsch, das er da schreibt.«

»Und was bedeutet es?« fragte Clara vorsichtig.

»Dem größten und ersten Mann der Welt sagt euer Diener, Sklave Albrecht Dürer, Heil seinem hochherzigen Herrn Willibald Pirckheimer.«

»Oh«, meinte Clara knapp, denn sie war ein bisschen enttäuscht, dass es nicht etwas Bedeutenderes war.

»So geht es mit dem Kauderwelsch weiter«, fuhr Pirckheimer mit einer unterstützenden Handbewegung fort, mit der er elegant davon ablenkte, dass er schummelte. Dürer hatte gleich wieder ins Deutsche gewechselt, aber seine spöttischen Anspielungen zu Pirckheimers Liebschaften waren natürlich nicht für Claras Ohren bestimmt, ebenso wenig, dass sich Dürer weigerte, weitere Ringe für ihn zu erwerben.

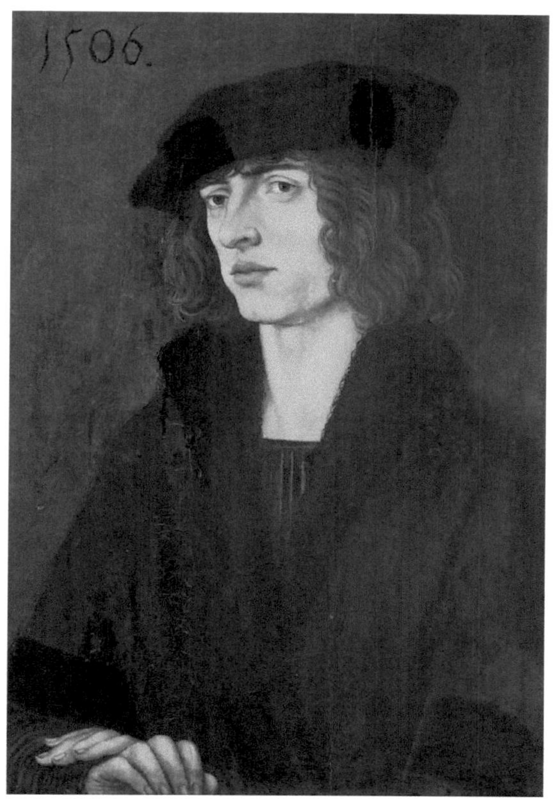

Abb. 11 – Burgkmairs Kaufmann

Stattdessen erzählte er ausführlich von seinen anderen Bestellungen: »Es gibt in Venedig einen berühmten Buchdrucker für griechische Texte. Ich wollte ein paar neue griechische Bücher haben, aber Dürer schreibt, es seien in letzter Zeit keine neuen erschienen. Dann wollte ich noch venezianisches Papier und Schreibfedern. Die Federn hat er Imhoff schon mitgegeben, und bei der Größe des Pakets ist da auch das venezianische Glas mit dabei, von dem er hier schreibt. Dann wollte ich noch Drucke mit antiken Motiven haben. Da behauptet er, es gebe nichts Besonderes. Und quadratische Teppiche gebe es auch nicht, die seien in Venedig alle lang und schmal.«

Clara verstand, Dürer ging es nicht anders wie ihr selbst. Pirckheimer schickte ihm lange Einkaufslisten nach Venedig und er konnte einfach nicht alle Wünsche erfüllen. Was Pirckheimer so alles essen wollte, das konnte Clara auch nicht immer auf dem Markt bekommen.

»Und dann schreibt er noch«, fuhr Pirckheimer fort, »dass er in Kürze noch nicht heimkommen kann, weil er gerne nach Rom ginge, zusammen mit dem Tross von König Maximilian, wenn der in Rom zum Kaiser gekrönt wird.« Pirckheimer zog die Augenbrauen hoch: »Was sind das für neue Pläne? Er soll mir erstmal seine Reisekosten nach Venedig erstatten.«

»Ist Rom weit weg?«, fragte Clara, um in Erfahrung zu bringen, ob von dort auch Briefe ankommen könnten.

»Rom ist von Venedig ungefähr so weit weg wie Venedig von hier, nur ohne die hohen Alpen dazwischen. Viele Pilger sind immer nach Rom unterwegs. Aber in einem königlichen Tross von Hunderten von Reitern und Wagen mitzureisen? Nun ja, wir werden sehen, wie sich das alles entwickelt.«

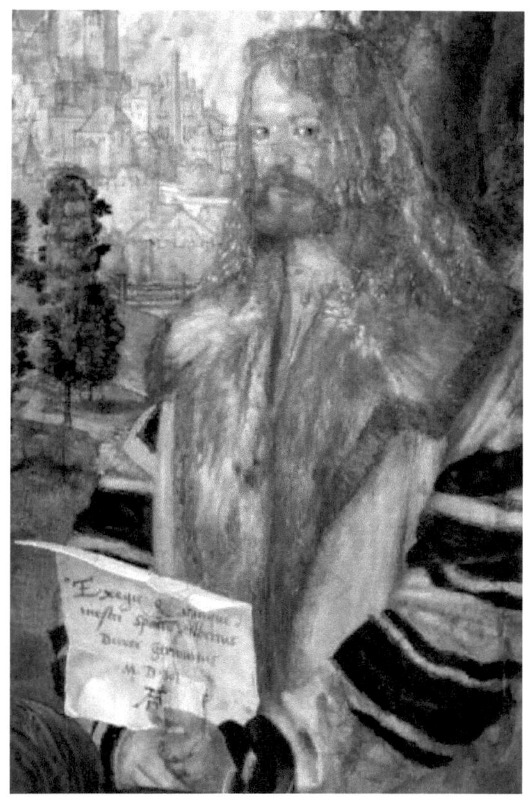

Abb. 12 – Dürers Selbstporträt im Altarbild

VENEDIG – August 1506

Wie es Dürer auf Gemälden seiner italienischen Kollegen gesehen hatte, verewigte er sich selbst auch auf dem Altarbild, auf der rechten Seite, in der Menge stehend, mit scharfen Blick auf alle Betrachter seines Gemäldes. Er gab sich eine Schrifttafel in die Hand, auf der er außer seinem weit über alle Grenzen hinaus bekannten Monogramm weitere Angaben machte: »Exegit quinque mestri spatio Albertus Durer Germanus M D VI AD«, fertiggestellt in fünf Monaten, vom Meister Albrecht Dürer, Deutscher, 1506, AD. Dürer hatte zwar acht Monate gebraucht, und der ursprüngliche Ostertermin war weit überschritten, aber es verstand sich für ihn von selbst, dass die Zeit der Krankheit und die für andere Arbeiten abgezogen werden müsse, und nur die reine Arbeitszeit für dieses Altarbild ihre Gültigkeit habe.

Ferrara – August 1506

In Ferrara war das Familiendrama noch nicht beendet. Alle, die an dem Plan beteiligt gewesen waren, Ippolito und Alfonso d'Este zu ermorden, waren bereits enthauptet worden, bis auf ihren Bruder Ferrante und ihren Halbbruder Giulio. Isabella hatte alles versucht, den Herzog, ihren Bruder Alfonso, umzustimmen, unterstützt von Elisabetta und Lucrezia. Doch es schien aussichtslos zu sein.

Für die Hinrichtung von Ferrante und Giulio ließ Alfonso eigens ein Schafott im Hof des Kastells errichten. Die Bevölkerung strömte auf die Tribünen. Die Verurteilten wurden zur Hinrichtung geführt. In letzter Minute hob Alfonso d'Este die Hand, als Zeichen des Abbruchs, und verwandelte die Todesstrafe in lebenslange Haft im Festungsturm von Ferrara.

Die schlechte Nachricht aus dem Süden verbreitete sich in Windeseile in ganz Florenz und weit darüber hinaus. Die päpstliche Armee war von Rom nach Norden aufgebrochen, mit Julius II. persönlich an der Spitze.

Gute Freunde hatten Michelangelo in seinem Versteck mit Nahrung versorgt und natürlich auch mit den neuen brisanten Nachrichten. Michelangelo war niedergeschlagen, er musste wohl oder übel aufgeben. Er stellte sich der Signoria von Florenz. Diese hatte in seinem Namen schon einen Brief geschrieben, in dem Michelangelo den Heiligen Vater um Vergebung bittet. Er brauche ihn nur noch zu unterschreiben.

So geschah es, und der Brief erreichte über einen Gesandten den Papst. Es war ein Kardinal, der das Antwortschreiben persönlich der Signoria übergab. Michelangelo habe sich unverzüglich nach Bologna zu begeben. Dort habe der Heilige Vater einen neuen Auftrag für ihn. War Florenz gar nicht das Ziel der päpstlichen Armee? Hatte der Papst Michelangelo vergeben?

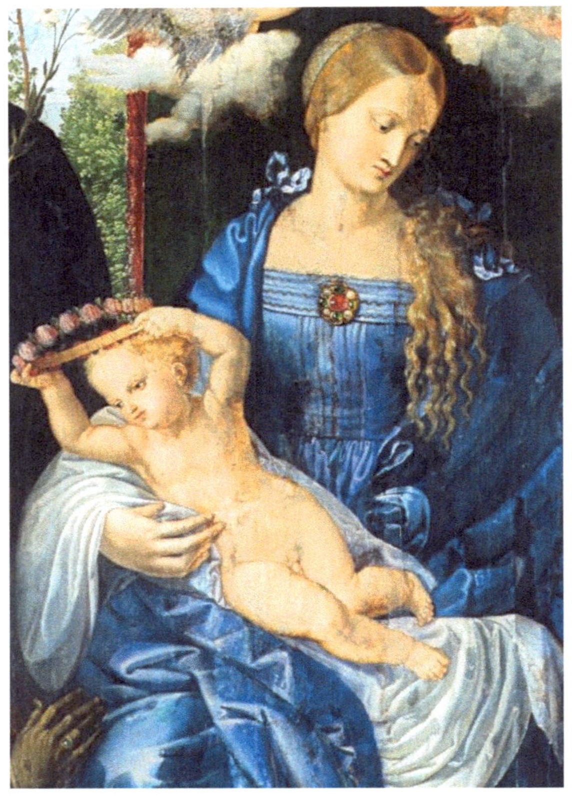

Abb. 13 – Maria und Jesuskind in Dürers Gemälde
»Das Rosenkranzfest«

Uneins und einig

Venedig — September 1506

Es war ganz früh am Morgen. Das erste Sonnenlicht fiel durch das Kirchenfenster, direkt auf die Madonna. Die beiden saßen auf einer Kerze, andächtig in die Betrachtung des Gemäldes vertieft.

»Wie schön das Christuskind dem Papst den Rosenkranz reicht«, sagte die Kleinere.

»Wie schön Maria dem Kaiser den Rosenkranz reicht«, meinte die Größere.

»Und ich mitten drin, auf dem Knie von Maria!« strahlte die Kleinere.

»Du?« fragte die Größere, »der Meister hat eindeutig mich porträtiert, betrachte doch die Proportionen!«

»Aber nein«, entgegnete die Kleinere, »er hat eindeutig mich porträtiert. Betrachte doch, wie schlank und fein die Beine sind, das sind eindeutig meine.«

Die Größere schwieg. Nach einer Weile meinte sie: »Weißt du was, meine Kleine? Es ist nicht so wichtig, wen von uns beiden der große Künstler gemalt hat. Besonders ist doch, dass er uns die Ehre eines Porträts erwiesen hat. Unser Fliegenleben ist kurz, aber auf diesem Gemälde sind wir für immer verewigt.«

»Da hast du Recht«, meinte die Kleinere und nickte zustimmend.

VALLADOLID in Nordspanien – September 1506

Der Augsburger Kaufmann Hans Buchmeister war inzwischen in Valladolid, im Königreich Kastilien angekommen.

Es klopfte an der Tür: »Señor Maestro!« ertönte es leise. Buchmeister eilte zur Tür und öffnete sie vorsichtig. Der junge Mann zog unter seinem Umhang eine kleine Pergamentrolle hervor, die Buchmeister sofort im weiten Ärmel seines Gewandes verschwinden ließ. Der Spanier forderte mit scharfem Blick und der entsprechenden Handbewegung seine Bezahlung. Der Kaufmann reichte ihm ein Säckchen voller Dukaten. Der Spanier entnahm einen, prüfte ihn mit den Zähnen, wog das Säckchen in seiner Hand, befand es für gut und verschwand.

Buchmeister entrollte die kleine Karte und fand die Zeichnung seltsam. Hatte ihn der Spanier betrogen? Stammte sie wirklich aus dem Nachlass von Columbus? Hier in Kastilien konnte Buchmeister nicht ergründen, ob die Karte echt oder gefälscht war, das musste er in Ruhe in seiner Heimatstadt machen. War er betrogen worden, konnte er dennoch den Verlust verkraften. Sollte sich die Karte aber als echt erweisen, würde sie noch mehr Gewinn bringen als die brandaktuelle Weltkarte, die er in Venedig erstanden hatte. Vorerst musste er beide Karten sicher in ihrer Lederhülle transportieren.

»Das ist hier richtig gemütlich«, sagte das Pergament und rollte sich genüsslich ein wenig hin und her.

»Lass das!«, konterte die große Karte auf dem Papierbogen, »du bist hier nicht allein!«

»Was hast du denn hier zu melden?« fragte das Pergament keck, »ich bin hier das Edelstück.«

»Pah«, bemerkte die große Karte abschätzig, »du bist eine Fälschung, das riech ich förmlich.«

»Wag es ja nicht, mich zu verunglimpfen«, gab das Pergament zurück, »nur weil du größer bist als ich. Ich bin viel älter.«

»Wer bist du denn schon?« fragte die Große spöttisch.

»Ich bin von der Hand des größten Entdeckers der Welt gezeichnet!«, schrie jetzt die Pergamentkarte, »von Christophorus Columbus! Und da er jetzt tot ist, bin ich noch kostbarer!«

»Na gut«, räumte der große Papierbogen gnädig ein, »dann bist du eben doch ein Original, aber dein großer Entdecker war ein Irrgläubiger.«

»Ein Irrgläubiger?« Die Pergamentkarte war außer sich.

»Ja, antwortete die Große süffisant, »Columbus war sich immer sicher, dass er Indien entdeckt hat.«

»Hat er auch!« schrie das Pergament trotzig, »und wer bist du eigentlich, du Klugscheißerin?«

»Ich bin die erste korrekte Karte der Neuen Welt, gezeichnet von Contarini, dem besten Kartographen der Welt, in Kupfer gestochen, von Rosselli, einem Meister seines Faches.«

»Überführt, überführt!« schrie das Pergament, »ich bin ein Original! Nur Karten auf Pergament sind

Originale! Du bist ein Kupferstich, du bist bloß ein Druck! Überführt!«

»Pah«, wehrte der Papierbogen ab, »als Kupferstich überlebe ich Jahrhunderte, und darum geht es gar nicht. Ich bin die neueste Karte der Welt, nach den Aufzeichnungen des großen Seefahrers Amerigo Vespucci. Er weiß, das Land auf der anderen Seite des Ozeans ist ein eigener Kontinent.«

»Hah«, höhnte die Pergamentkarte, »das hättest du wohl gern.«

Da ließ ein Geräusch sie beide sofort verstummen. In dem Punkt waren sie sich einig, das Schlimmste, das einer Karte passieren konnte, war, in die Hände eines Ungebildeten zu geraten und zerstört zu werden.

Anerkennung

PERUGIA – September 1506

Perugia – auf halber Strecke zwischen Rom und Florenz – war das erste Ziel von Papst Julius II. Unter seinem Kommando zog sein Heer am 12. September in die Stadt ein. Perugia war kein eigenständiges Herzogtum, sondern seit jeher Teil des Kirchenstaates. Dennoch trat eine Familie – die Baglioni – als Herrscher von Perugia auf und stiftete eine Menge Unheil. In Anbetracht der persönlichen Anwesenheit des Papstes unterwarfen sie sich sofort. Die Bevölkerung war erleichtert.

In diesem Sinne wollte Julius II. weiter vorgehen. Nach den ständigen Richtungs- und Bündniswechseln von Papst Alexander VI. war es Zeit, dass dem Oberhaupt der Christenheit wieder Respekt und Wertschätzung entgegengebracht wurde.

Die mächtige Freie Republik Venedig war ein wichtiges Bollwerk gegen die Osmanen, aber ihre Expansionen auf dem italienischen Festland gingen dem Pontifex zu weit. Doch zuvor musste er seine Präsenz im ganzen Kirchenstaat zeigen und die kleinen, untereinander stark konkurrierenden Herrscherhäuser auf Linie bringen. Sein nächstes Ziel war Bologna. Die Republiken Siena und Florenz, die auf die Freundschaft des Papstes angewiesen waren, interessierten ihn vorläufig nicht, es sei denn, Michelangelo würde nicht, wie ihm befohlen, in Bologna erscheinen.

URBINO und MANTUA – September 1506

Als erste hatte es Elisabetta getroffen, dann Isabella. Ihre Ehemänner hatten ihnen wieder für eine Zeit die Staatsgeschäfte übergeben, denn sie mussten Julius II. militärisch unterstützen. Der Papst forderte dies ein, da Urbino und Mantua unter seinem Schutz standen. Besonders Isabellas Mann Gianfrancesco, Marchese von Mantua, hatte kriegserfahrene Truppen, mit denen er gegen Mailand einen nordöstlichen Schutzwall für Bologna garantieren sollte.

Nach dem Drama in ihrer eigenen Familie am Hofe von Ferrara erschütterte Isabella dieser Militäreinsatz nicht. Viel mehr war sie vom Tod des angesehenen Malers Andrea Mantegna betroffen und informierte gleich ihre Schwägerin Elisabetta. Mantegna war am 13. September im Alter von 75 Jahren gestorben. Elisabetta hatte als Kind erlebt, wie seine Fresken nach und nach die Wände des Palazzo Ducale zum Leben erweckt hatten. Sie wäre gerne nach Mantua gereist, da sich aber ihr Mann Guidobaldo dem päpstlichen Heer anschließen musste, konnte sie Urbino nicht verlassen.

VENEDIG – Oktober 1506

Albrecht Dürer war hoch zufrieden, mit der Anerkennung, die ihm für sein Altargemälde *Das Rosenkranzfest* zuteil geworden war.

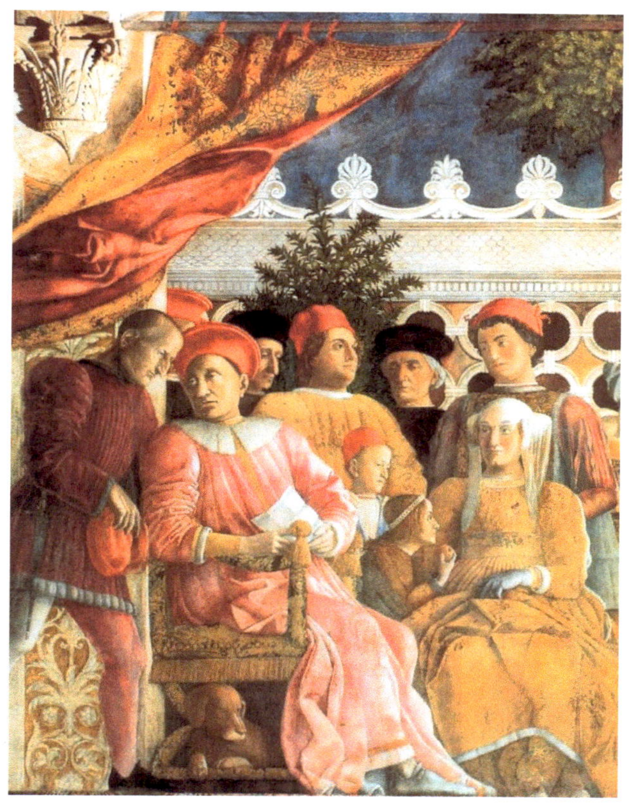

Abb. 14 – Fresko im Palazzo Ducale, in Mantua,
von Andrea Mantegna, stehend hinter den Kindern
Gianfrancesco Gonzaga, sitzend seine Eltern

Er habe alle Maler gescholten schrieb er an Pirckheimer, die da gesagt hatten, im Kupferstechen sei er
gut, aber in der Malerei wüsste er nicht mit den Far-

ben umzugehen. Jetzt sagen alle, sie hätten schönere Farben nie gesehen. Nicht nur der Patriarch von San Bartolomeo sei gekommen, sondern sogar der Doge.

Durchkreuzte Pläne

BURGOS in Nordspanien – Oktober 1506

König Philipp I. war verstorben, am 25. September, im Alter von nur 28 Jahren. Maximilian I. war zutiefst erschüttert, Philipp war sein einziger Sohn. Er war erst drei Jahre alt gewesen, als seine Mutter, Maria von Burgund – Maximilians große Liebe – nach einem Reitunfall starb. Mit 18 Jahren hatte Philipp Johanna von Kastilien geheiratet. Im Sommer 1506, erst vier Monate zuvor, hatte Philipp als erster Habsburger einen Königsthron in Spanien bestiegen. Ein kurzes, aber heftiges Fieber habe ihn dahingerafft, teilten die Spanier seinem Vater mit.

Der Tod seines einzigen Sohnes veränderte Maximilians Prioritäten. Er musste sich jetzt um seine sechs Enkelkinder kümmern, besonders um den sechsjährigen Karl und den dreijährigen Ferdinand. Das Reich der Habsburger durfte mit Philipps Tod nicht untergehen, es musste weiterbestehen. Die Kaiserkrönung in Rom musste wieder einmal auf später verschoben werden.

BOLOGNA – November 1506

Albrecht Dürer war in Bologna angekommen. Die Nachricht vom Tod von Maximilians Sohn Philipp hatte sich in Venedig schnell herumgesprochen und kam den Venezianern sehr entgegen. So war die Macht des Königs des Heiligen Römischen Reiches erst einmal geschwächt und seine Kaiserkrönung verschoben.

Wenn Maximilian nicht nach Rom reiste, wollte Dürer nach Deutschland zurückkehren. Doch zuvor entschied er sich spontan zu einer Reise nach Bologna. Dort wollte er seine Kenntnisse der Perspektive vertiefen und seinen Freund Christoph Scheurl besuchen. Dieser promovierte in Rechtswissenschaften an der ehrwürdigen Universität Bologna.

Die Bevölkerung begrüßte Julius II. mit Begeisterung, als er mit seiner Armee am 11. November in Bologna einzog und die Stadt unter Kirchenrecht stellte. Ähnlich wie in Perugia, wollten auch die Bologneser eine Herrscherfamilie loswerden. Die Bentivoglio hatten sich selbst zu Herrschern von Bologna erklärt. Noch bevor der Papst in der Stadt eintraf, war Giovanni Bentivoglio mit seiner Frau Ginevra und seinen sechzehn Kindern nach Mailand ins Exil geflohen. Doch anders als erhofft wurde er dort von Söldnern des französischen Königs, Ludwigs XII., festgenommen und inhaftiert. Elf Monate später starb er.

Der Feldzug von Papst Julius II. war ein einziger Triumphzug, von Rom bis Bologna, bis zu jenem Tag im November, als auf italienischem Boden ein Gespenst gesichtet wurde, des Papstes Erzfeind, Cesare Borgia.

Dieses Gespenst musste unbedingt gefunden und festgenommen werden. Ein Cesare Borgia wieder in Italien, würde das ganze Land wieder in Angst, Chaos und Zerstörung stürzen.

War es aus Freude über seinen triumphalen Feldzug, aus Sorge über das Borgia-Gespenst oder aus reinem Opportunismus, dass er den besten Künstler seiner Zeit zu seinem eigenen Ruhme brauchte, Papst Julius II. kam gleich auf den Punkt, nachdem Michelangelo niedergekniet war und seinen Ring geküsst hatte. Er gab dem Künstler den Auftrag, eine vier Meter hohe Statue zu schaffen, von ihm, dem Heiligen Vater. Sie sollte über dem Portal der Basilika San Petrino, der Hauptkirche Bolognas, angebracht werden. Der Papst wollte auf dem Thron sitzend dargestellt werden, in vollem Ornat, mit der Tiara auf dem Kopf, die rechte Hand segnend, und in der linken ein Schwert.

»Ein Schwert?« fragte Michelangelo, »kein Buch?«

»Nein, kein Buch, ein Schwert«, beharrte der Papst.

»Oder den Schlüssel Petri?«, getraute sich Michelangelo vorzuschlagen.

»Das lässt sich überdenken. Mache er mir ein paar Dutzend Zeichnungen zu allem. Und nehme er sich gute Helfer für den Bau des Ofens und für den Guss der Bronze!«

»Bronze?« Michelangelo erstarrte. Er war selbstverständlich davon ausgegangen, dass er die Papststatue in Marmor gestalten sollte. »Heiliger Vater, ich bin ein

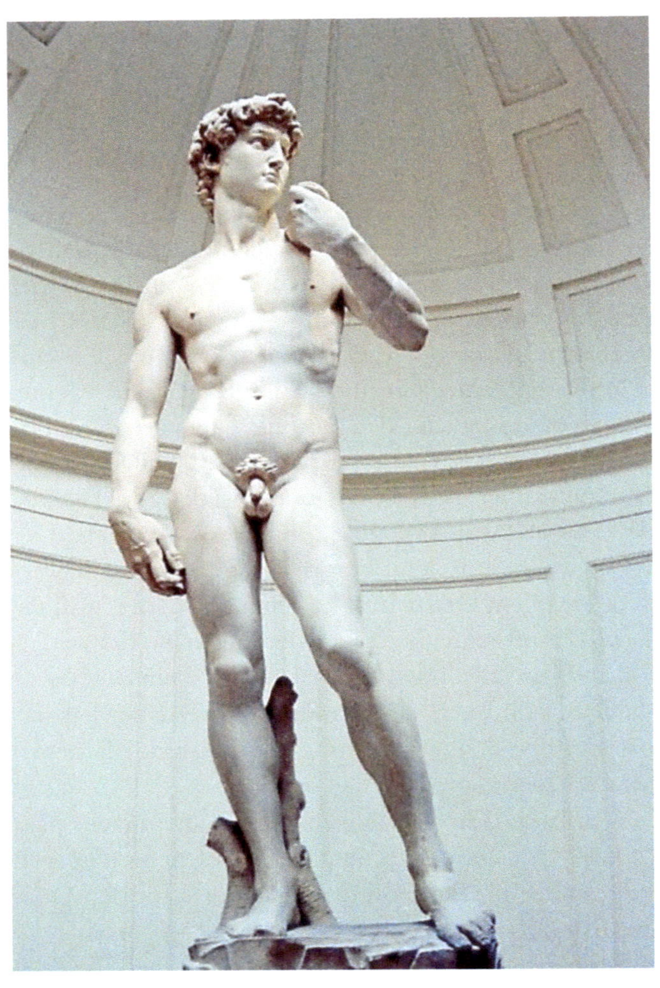

Abb. 15 – Michelangelos David in Florenz

Bildhauer des Marmors. Bronze ist nicht mein Metier.«

Die Augen des Papstes blitzten zornig. »Reicht es ihm nicht, dass er sich sieben Monate dem Heiligen Vater verweigert hat? Muss er seinen Trotz noch weiterführen? Ich sagte Bronze!«

Michelangelo bedauerte es zutiefst, dass er je Florenz verlassen und den Auftrag des Papstes zu seinem Grabmal angenommen hatte. Dieser Papst verstand nichts von Kunst, er war ein Feldherr, ein Soldat. Manche nannten ihn zurecht *Il terribile*, den Schrecklichen. Vor zwei Jahren hatte Michelangelo seinen David vollendet. Der war fast fünf Meter hoch, in voller Körpergröße, freistehend. Eine sitzende Papststatue mit Schwert, vier Meter hoch, aus Bronze, vor die Marmorfassade einer Kirche! Was für ein verhängnisvoller Auftrag.

Doch es gab für Michelangelo kein Entrinnen. Vielleicht war es das kleinere Übel, in Bronze zu arbeiten, als gar keine Aufträge zu bekommen. Selbst Florenz getraute sich nicht mehr, ihm einen Auftrag zu erteilen, solange er die für den Papst nicht ausgeführt hatte. Und so machte sich der größte aller Künstler an die Arbeit, als erstes an die Zeichnungen.

Was folgte bis zum 21. Jahrhundert?

In der Serie KLEINE KULTURGESCHICHTEN nennt der letzte Begriff im Untertitel jeweils den roten Faden: 1710 …Entdeckungen, 1818 …Reiseunternehmungen. Im Jahr 1506 sind es brisante Verstrickungen, und die haben es in sich. Das Italien der Hochrenaissance ist in gleicher Weise geprägt von Machtkämpfen und Meisterwerken, von Gewalt und Genie. Dieser Band ist herausfordernd zu lesen.

Da die Ereignisse im Jahr 1506 – auch wenn auf die wichtigsten konzentriert – so viele und von so komplexer Natur sind, gibt es in diesem Band keine Biographien von Menschen, die 1506 geboren wurden.

Andere Bände der Serie stellen weniger bekannte Künstler*innen vor, 1506 kommt man an den großen Genies der Kunst nicht vorbei. Teils spannend wie ein Krimi, was über sie im 20. und 21. Jh. Neues erforscht wurde, hier in diesem Kapitel berichtet.

Zum Kapitel:
Von nördlich der Alpen

Die RIALTOBRÜCKE in Venedig gibt es als überbaute Steinbrücke in ihrer heutigen Form erst seit 1591. 1506 war sie noch eine hölzerne Brücke, die sich in der Mitte für größere Schiffe öffnen ließ. (Abb. 1)

Ein Handelskontor für Kaufleute aus dem Norden (in erster Linie Deutsche, aber auch Österreicher, Flamen, Ungarn), ist in Venedig urkundlich seit 1228 belegt. Im Januar 1505 brannte der FONDACO DEI TEDESCHI ab, wurde aber sofort wieder aufgebaut, von GIORGIO SPAVENTI (1440–1509, venezianischer Architekt und Ingenieur) und ANTONIO ABBANDI / SCARPAGNINO (um 1470–1549, venezianischer Architekt und Bildhauer). Der Neubau wurde 1508 vollendet, vom Dogen finanziert. Das große vierstöckige Gebäude umfasste um einen Lichthof mit Arkaden 200 Räume. Sie dienten als Warenlager, Handelskontor, Wohn- und Essräume. Die Kaufleute aus dem Norden brachten nach Venedig vor allem Pelze, Silberwaren und Bernstein. Sie exportierten Gewürze (Pfeffer, Safran, Muskat, Nelken, Zimt), Olivenöl, Feigen, Zitrusfrüchte wie auch Gläser und Spiegel von der Insel Murano, kostbare Brokatstoffe und Druckerzeugnisse.

Mit Napoleon und dem Ende der Republik Venedig wurde der Fondaco als Handelskontor geschlossen. Bis 1870 war der Bau Sitz von Zollverwaltung und Finanzbehörden, danach, bis 2011, das Hauptpostamt von Venedig. Bereits 2008 von der Benetton Group erworben, sollte er in ein Einkaufs- und Ausstellungszentrum umgebaut werden. Die Pläne des niederländischen Architekten Rem Koolhaas stießen allerdings bei der Bevölkerung Venedigs auf so großen Widerstand, dass sie verworfen wurden. 2010 wurde das unveränderte Gebäude als Kaufhaus wieder eröffnet, betrieben von LVMH. (Louis Vuitton Moët Hennessy französischer Konzern für Luxusgüter) Von Giorgiones und Tizians Fresken auf der Renaissancefassade sind heute nur noch wenige abgenommene Fragmente in der Galleria Franchetti erhalten.

ALBRECHT DÜRER (1471–1528), der berühmteste deutsche Maler der Hochrenaissance, war 1491 das erste Mal nach Venedig gereist. Seine zweite Venedigreise trat er im September 1505, im Alter von 34 Jahren an. Als Zeichner und Kupferstecher hatte er sich im Ausland bereits einen Namen gemacht, jetzt wollte er auch als Maler berühmt werden. Zudem war in seiner Geburts- und Heimatstadt Nürnberg wieder die Pest ausgebrochen. Dürer hoffte, an der Innengestaltung des Fondaco dei Tedeschi mitzuwirken, doch das ließen die Venezianer nicht zu, und das Ende des Neubaus war 1506 noch nicht abzusehen.

Im Januar 1506 zogen 150 Söldner von Norden nach Rom, wo sie am 22. Januar, unter der Führung des Hauptmanns Kaspar von Silenen eintrafen. Sie kamen auf Order von PAPST JULIUS II. Er hatte als erster Papst beschlossen, dass er eine persönliche Schutztruppe brauche, eine SCHWEIZER GARDE. Mit diplomatischer Hilfe hatte er von der Schweizer Eidgenossenschaft ein Kontingent von 150 Schweizer Söldnern beantragt, die als beste ihrer Zeit galten.

Noch heute gibt es eine päpstliche Schweizer Garde. Ihre Hauptaufgabe ist es, die Sicherheit des Papstes und des Vatikans zu bewachen. Noch heute müssen die Mitglieder der Garde gebürtige Schweizer sein, darüber hinaus katholisch, zwischen 19 und 30 Jahre alt, mindestens 1,74 Meter groß, sportlich, die Ausbildung der Schweizer Armee absolviert und einen einwandfreien Leumund haben.

Zum Kapitel:
Erwartetes und Unerwartetes

Michelangelo Buonarroti – kurz MICHELANGELO genannt (1475–1564) – ist der bedeutendste aller Künstler der Hochrenaissance. Er war Bildhauer, Maler, Architekt und Dichter, und dies in allen vier Kunstgattungen auf höchstem Niveau.

In seinem langen Leben – Michelangelo wurde fast 89 Jahre alt – saßen 13 Päpste auf dem Stuhl Petri, neun von ihnen erteilten Aufträge an Michelangelo, der erste war Papst Julius II.

Am 1. November 1503, kurz vor seinem 60. Geburtstag, wurde Kardinal Giuliano della Rovere zum Papst gewählt, und gab sich den Namen PAPST JULIUS II. (1443–1513). Obwohl schon sein Onkel (Sixtus IV.) Papst gewesen war, musste della Rovere 19 Jahre lang warten und um das Amt kämpfen. Sein größter Gegner war der Spanier Rodrigo Borgia, der ein so großes Vermögen angehäuft hatte, dass er sich die Stimmen zur Wahl als Papst, Alexander VI., kaufen konnte.

Wie alle Renaissance-Päpste verstand sich auch Papst Julius II. nicht nur als theologisches Oberhaupt der Christenheit, sondern auch als Territorialherrscher, der auch Kinder zeugte und Krieg führte.

Rom sollte nach seinen Plänen wie in der Antike in voller Pracht wieder erblühen und im Glanz seiner Bauwerke alle anderen italienischen Städte übertreffen, vor allem Florenz und Venedig. Einen neuen Dom, größer als alle Kirchen der Christenheit, wollte er erbauen, und in der Mitte sein eigenes Grabmal von Michelangelo errichten lassen. Die alte Petersbasilika, baufällig geworden und umgeben von einem Wirrwarr an Kapellen und Gräbern, ließ der Papst radikal abreißen.

WILLIBALD PIRCKHEIMER (1470–1530) war in der Renaissance einer der bedeutenden Humanisten im süddeutschen Raum. Er war Jurist, Nürnberger Magistrat, Berater von Kaiser Maximilian I., Übersetzer klassischer Texte ins Deutsche und griechischer ins Lateinische, Herausgeber und Mäzen. Wie sein Freund, der ein Jahr jüngere Albrecht Dürer, verließ auch Pirckheimer 1505 Nürnberg aufgrund des erneuten Pestausbruchs. Er zog sich auf sein Landgut in Nördlingen zurück. Seine sechs Schwestern und seine fünf Töchter lebten alle in Klöstern. Sein einziger Sohn war bei der Geburt gestorben und seine Ehefrau mit ihm.

Von dem Briefwechsel zwischen den beiden Männern im Jahr 1506 ist kein einziger Brief von Pirckheimer erhalten, jedoch zehn Briefe von Dürer. Sie wurden in einem Wandversteck im Hause Pirckheimer von seinen Nachfahren 1748 entdeckt und sind heute digital einsehbar. (siehe Literaturverzeichnis)

Wie die LAOKOON-GRUPPE gefunden wurde, ist von dem Bildhauer FRANCESCO DA SANGALLO (1494–1576) überliefert worden, der als 12-jähriger seinen Vater, den Architekten GIULIANO DA SANGALLO (um 1445–1516) und Michelangelo begleiten durfte. Das 1,84 Meter hohe Kunstwerk blieb von Papst Julius II. an immer im Besitz der Päpste und ist im Vatikanischen Museum zu besichtigen.

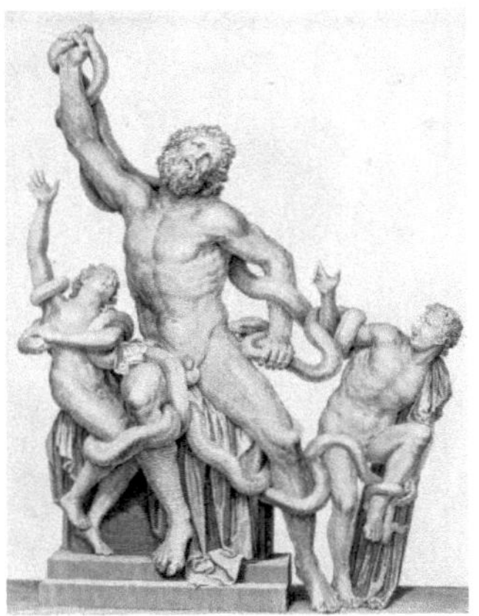

Die bereits in der Renaissance ergänzten Arme wurden im 20. Jh. wieder entfernt, nachdem 1905 der Archäologe LUDWIG POLLAK den rechten, angewinkelten Originalarm des Laokoon gefunden hatte.

Die Laokoon-Gruppe begeisterte ab der Renaissance für viele Jahrhunderte hindurch nicht nur Bildende Künstler, sondern sogar deutsche Literaten, wie LESSING, 1766 (»Über die Grenzen der Mahlerey und Poesie«) oder GOETHE, 1797 (»Über Laokoon«). Der deutsche Archäologe JOHANN JOACHIM WINCKELMANN (1717–1768), Mitbegründer der wissenschaftlichen Archäologie und Kunstgeschichte, widmete sich 1755 ausführlich der Laokoongruppe in seinem Werk »Gedanken über die Nachahmung der griechischen Werke in der Mahlerey und Bildhauer-Kunst«.

Die Laokoon-Skulptur ist ein Kuriosum in der Geschichte berühmter Kunstwerke, da alle – von Michelangelo bis Winckelmann – in ein und demselben Punkt irrten: sie waren überzeugt, sie sei ein griechisches Original aus der Zeit von etwa 140 vor Chr. Sie ist aber eine römische Marmorkopie von etwa 19 nach Chr., das griechische Original war aus Bronze. Einen Anteil an diesem Irrtum hat die italienische Übersetzung von 1477 des antiken Pliniustextes: der lateinische Begriff »statuaria ars« bedeutet Statuentechnik, und das war die Technik des Bronzegusses. Der Begriff in der italienischen Übersetzung lautete »arte statuaria«, was allgemein Bildhauerkunst bedeutet. Weitere Aspekte dieses bis zum 20. Jh. erhaltenen Irrtums erklärt BERNARD ANDREAE (*1930), von 1984–1995 Direktor des Deutschen Archäologischen Instituts in Rom, in seinem Buch »Laokoon und die Gründung Roms«. (siehe Literaturverzeichnis)

Zum Kapitel:
Erkenntnisse

DONATO BRAMANTE (1444–1514) kam erst im Alter von 55 Jahren nach Rom. Zuvor hatte er in Urbino,

Mailand, Bergamo und Pavia gearbeitet, und dies zunächst als Maler. Erst mit 35 widmete er sich der Architektur. In Rom studierte Bramante intensiv die Bauten der römischen Antike und wurde der Begründer der römischen Hochrenaissance-Architektur.

Der südlich der Tiberinsel gelegene Rundtempel der Vesta mit seinen 20 Marmorsäulen stammt aus dem 1. Jh. v. Chr. und ist noch heute im 21. Jh. erhalten. Er soll 1502 Bramante zu seinem – ebenfalls noch heute erhaltenen – Tempietto (Tempelchen) im Hof des Franziskanerklosters auf dem Gianicolo inspiriert haben. (Abb. 3 links) Als Bramante 1514 starb – ein Jahr nach Papst Julius II. – waren von seinen Plänen zum neuen Petersdom erst die vier Kuppelpfeiler mit den verbindenden Bogen vollendet.

Die Bauzeit des PETERSDOM in Rom dauerte 164 Jahre. (1506–1670) In dieser Zeit folgten Papst Julius II. 23 Päpste und Bramante 8 hauptverantwortliche Architekten mit zahlreichen Assistenten.

BRAMANTE (1444–1514) hatte einen Zentralbau über dem Grundriss eines Griechischen Kreuzes – Kreuz mit vier gleich langen Seiten – geplant. (Abb. 3 rechts).

Sein Nachfolger RAFFAEL (1483–1520) – mit GIULIANO DA SANGALLO als Assistent – änderte Bramantes Grundriss in ein Lateinisches Kreuz um. Durch Raffaels frühen Tod wurde seine Idee nicht realisiert.

Ihm folgte BALDASSARE PERUZZI (1481–1536), der wieder zu Bramantes Plan zurückkehrte.

Dessen Nachfolger wurde der Neffe von Giuliano da Sangallo, ANTONIO DA SANGALLO d. J. (1483–1546), der wieder Raffaels Plan dem Vorzug gab.

Im Januar 1547 übernahm MICHELANGELO (1475–1564) im Alter von 72 Jahren die Bauleitung. Er entschied sich für den ursprünglichen Entwurf von Bramante mit kleinen Vereinfachungen. Sein größter Verdienst am heutigen Petersdom ist die Gestaltung der in ihren Proportionen einzigartigen Kuppel. Er hatte sie vollständig als riesiges Holzmodell ausgeführt, sodass die Architekten GIACOMO DELLA PORTA (1541–1604) und DOMENICO FONTANA (1543–1607) sie auch nach Michelangelos Tod nach seinem Plan vollenden konnten.

CARLO MADERNO (1556–1629) erweiterte – auch auf Befehl von Papst Paul V. – den fertigen Zentralbau durch ein Langhaus endgültig zu einem Lateinischen Kreuz, ein Grundriss, wie er bei fast allen christlichen Kirchen verwendet wurde.

Der letzte in der Reihe war der berühmte Barockkünstler GIAN LORENZO BERNINI (1598–1680). Er schuf den Baldachin und die Säulenkolonnaden, die den Petersplatz umschließen.

Zum Kapitel:
Wieder und wieder

BEATRICE VON ARAGÓN (1475–1508) war das fünfte Kind des Königs von Neapel, FERNANDINO I.(1424–

1494) und seiner Frau, ISABELLA VON CLERMONT, Fürstin von Tarent (1424–1465).

Der König hatte 17 Kinder, davon 8 eheliche. Beatrice, die jüngste aus seiner ersten Ehe, soll seine Lieblingstochter gewesen sein. Beatrice, die eine ausgezeichnete humanistische Ausbildung erhielt, hatte einen energischen Charakter, liebte die Kunst, aber auch die Jagd, das Schachspiel und die Politik.

Kurz nach Beatrices Geburt war MATTHIAS CORVINUS (1443–1490) zum König von Ungarn gekrönt worden. Bei der Heirat mit Beatrice, 1476, war er seit zehn Jahren verwitwet und hatte einen unehelichen Sohn im Alter von drei Jahren. Corvinus gab seinem Schwiegervater, somit dem Königreich Neapel, militärischen Schutz, u.a. gegen die osmanische Flotte.

Als Königin brachte Beatrice die Renaissance nach Ungarn. Sie holte italienische Architekten, Bildhauer, Maler, Dichter und Gelehrte an den Hof von Buda. Bevor sie die ungarische Sprache beherrschte, verständigte sie sich über die lateinische. Auf der Visegráder Burg wurde der erste Renaissancepalast außerhalb Italiens erbaut. Auf Initiative von Beatrice hin wurde die Universität in Pest erneuert und eine weitere Universität in Preßburg gegründet. Die *Bibliotheca Corviniana* wurde eine der bedeutendsten Bibliotheken ihrer Zeit, übertroffen nur von der des Vatikans.

Da die Ehe kinderlos blieb, versuchte der König, seinen unehelichen Sohn JOHANN (1473–1504) zu legitimieren. Doch bevor ihm das gelang, starb er, 1490.

94

Der Tod des Königs brachte Beatrice, die mit allen Mitteln weiterhin Königin von Ungarn bleiben wollte, in arge Bedrängnis. Ein halbes Jahr nach dem Tod von Matthias Corvinus heiratete sie in zweiter Ehe VLADISLAV II. (1456–1516), den Sohn des polnischen Königs, damit dieser den ungarischen Thron übernehme. Er war vom Charakter her scheu, fromm und sehr gutmütig. Für den ehrgeizigen Bischof TAMÁS BAKÓCZ (1442–1521), der das Paar getraut hatte, war es somit ein Leichtes, die Innen- wie die Außenpolitik zu steuern.

1492 beantragte König Vladislav bei Papst Alexander VI. die Annullierung der Ehe, da sie kinderlos blieb. Auch hatte Bischof Bakócz – wohl absichtlich – einen Formfehler begangen, sodass die Ehe ungültig war. Der Papst ließ sich acht Jahre Zeit, bis er 1500 die Ehe annullierte. Beatrice musste Ungarn verlassen, sie kehrte nach Neapel zurück. Doch seit dem Tod ihres ersten Mannes, 1490, hatte das Königreich Neapel seinen militärischen Schutz verloren und wurde in zahlreiche kriegerische Konflikte verwickelt.

Beatrices älteste Schwester, ELEONORA VON ARAGÓN (1450–1493), heiratete keinen König, sondern einen Herzog, ERCOLE D' ESTE (1431–1505), den Herzog von Ferrara.

ISABELLA D'ESTE war die älteste Tochter dieses Paares. Sie wurde mit knapp 16 Jahren mit dem Marchese von Mantua verheiratet, GIANFRANCESCO GONZAGA (1466–1519).

Isabella d' Este Gonzaga (1474–1539) Marchesa von Mantua, war eine der einflussreichsten Frauen der italienischen Hochrenaissance. Sie gilt als die bedeutendste Mäzenin und Kunstsammlerin ihrer Zeit. Isabella hielt persönlichen und brieflichen Kontakt zu zahlreichen Gelehrten, bildenden Künstlern, Dichtern und vor allem Musikern. Die *Galleria dei Gonzaga* in Mantua bewahrt noch heute um die 28.000 Briefe auf, die Isabella bekommen und um die 12.000 kopierte Briefe, die sie geschrieben hat.

Isabella war nicht nur eine begnadete Musikerin – in Gesang und im Lautenspiel – sondern auch eine hervorragende Diplomatin. Obwohl ihr untreuer Ehemann ihr keine Unterstützung war, gelang es ihr, den kleinen Hof Mantua heil durch Kriege, Intrigen und Begehrlichkeiten von Papst, König, Fürsten und Verwandtschaft durchzubringen.

Auch in der Mode und ihrem eleganten Auftreten galt Isabella als Vorbild. Umso erstaunlicher ist der Umstand, dass es zwar zahlreiche Porträts von ihr gibt (zu sehen auf Wikipedia zu *Isabella d' Este*), die aber untereinander kaum Ähnlichkeiten aufweisen und sich selbst in Haar- und Augenfarbe unterscheiden. Als einzig gesicherte Darstellung gilt eine Medaille von 1495, zu der Leonardos Profilstudie Ähnlichkeit aufweist (Abb. 5). Über 500 Jahre ging man davon aus, dass Leonardo es bei der Skizze belassen und nie ein Porträt in Öl von Isabella gemalt hatte.

Im Herbst 2013 stellte eine Sensationsnachricht diese Annahme in Frage und entwickelte sich zu einem Kunstkrimi, der nicht nur Fachleute der Kunst beschäftigen sollte. Die italienische Tageszeitung *Corriere della Sera* berichtete, dass sich ein Ölporträt der Isabella d'Este, gemalt von Leonardo da Vinci, im Privatbesitz einer italienischen Familie befände, die im Schweizer Kanton Aargau lebe. Das vermeintliche Leonardo-Gemälde – gelagert in einem Schweizer Banktresor – sei schon dreieinhalb Jahre zuvor in Italien wissenschaftlich geprüft worden, und nach dieser Untersuchung sei das Gemälde mit einer Wahrscheinlichkeit von rund 96 Prozent zwischen 1460 und 1650 gemalt worden.

Zwei Monate vor dieser Zeitungsnachricht war bei dem italienischen Staatsanwalt Manfredi Palumbo ein Hinweis eingegangen, dass ein Anwalt aus Pesaro das Mandat erhalten habe, ein Leonardo-Gemälde für mindesten 95 Millionen Euro zu verkaufen.

Die Staatsanwaltschaft von Pesaro stellte an die Schweizer Behörden ein Rechtshilfegesuch, da der Verdacht auf illegale Ausfuhr eines Kulturgutes von Italien in die Schweiz bestand. Die Schweizer Polizei konnte das Gemälde aber nicht auffinden.

Im Februar 2015 stieß Staatsanwalt Palumbo – im Zusammenhang mit anderen Strafdelikten wie Steuer- und Versicherungsbetrug – wieder auf das vermeintliche Leonardo-Gemälde. Ein erneutes Rechtshilfegesuch an die Schweiz war diesmal erfolgreich. Der Name der Besitzerfamilie wurde nicht preisgegeben, da Palumbo einem größeren kriminellen Kunsthändlerring auf der Spur zu sein glaubte. Das von der Staatsanwaltschaft Lugano beschlagnahmte Gemälde blieb bis zur endgültigen Klärung erstmal in der Schweiz.

Es folgten ein mehrjähriger Rechtsstreit zwischen der Besitzerin, der italienischen Staatsanwaltschaft und den Schweizer Behörden. Nach italienischem Gesetz darf ein mehr als 50 Jahre altes Kulturgut nur mit einer Genehmigung ausgeführt werden. Als die Besitzerin das Gemälde 2010 für eine Expertise nach Italien gebracht hatte, hatte sie sich mit der Rückholung in die Schweiz der illegalen Ausfuhr strafbar gemacht, wofür sie 2017 verurteilt wurde. Die Staatsanwaltschaft Lugano entschied daraufhin, das Porträt gehöre in den Besitz des italienischen Staates.

Die Besitzerin legte Widerruf ein und der Fall ging an das Schweizerische Bundesgericht in Lausanne. Dieses stellte aus Dokumenten fest, dass das Gemälde schon seit fast 100 Jahren im Privatbesitz der Familie war, und lehnte eine Auslieferung an den italienischen Staat – im Urteil vom 13. Mai 2019 – in letzter Instanz ab. Das Gemälde sei der rechtmäßigen Besitzerin zu übergeben.

Nicht nur die Besitzverhältnisse führten zu Auseinandersetzungen, sondern auch die Frage, ob das Porträt überhaupt von Leonardo da Vinci gemalt worden sei.

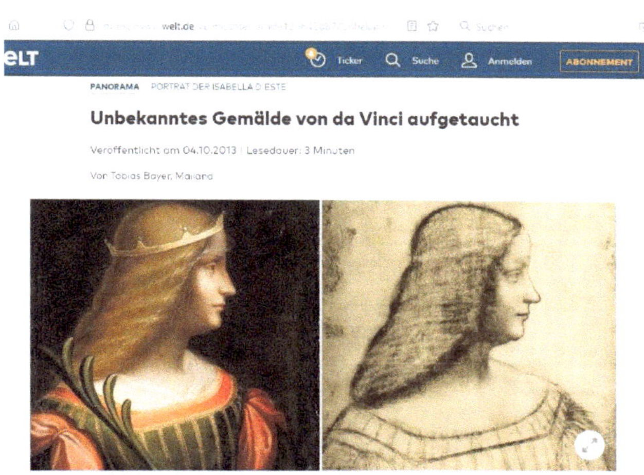

Bei der Frau auf dem unbekannten Gemälde von Leonardo da Vinci (l.) soll es sich um die berühmten Renaissance-Mäzenin Isabella d'Este handeln. Es gab bislang nur eine Skizze
Quelle: Corriere della Sera

Weitere wissenschaftliche Untersuchungen konnten bestätigen, dass die Leinwand und die Farbpigmente aus der Zeit Leonardos stammen. Die meisten Fachleute sind sich aber einig, dass es nicht von Leonardo gemalt worden ist. Er hätte wohl kaum eine solche Eins-zu-eins-Kopie zu seiner eigenen Zeichnung gemalt. Zudem sind auf dem Ölgemälde der Porträtierten auch drei Attribute – Krone, Palmzweig, Rad – zugeordnet. Am wahrscheinlichsten ist die These, das Gemälde sei von einem Schüler aus Leonardos Werkstatt gemalt worden, der Leonardos Zeichnung von Isabella d'Este als Vorlage für ein Bild der Heiligen Katharina genommen hat, denn diese Heilige wird mit Krone, Palmzweig und Rad dargestellt.

LEONARDO DA VINCI (1452–1519) war berühmt berüchtigt dafür, dass er Arbeiten nicht fertigstellte. Das Gemälde, das er nach 23 Jahren immer noch nicht geliefert hatte (Urteil vom 27. April 1506) war die *Felsengrottenmadonna.* Der Auftrag für ein dreiflügeliges Altarbild wurde 1483 von der Bruderschaft der Unbefleckten Empfängnis für die Mailänder Franziskanerkirche *San Francesco Grande* erteilt, Leonardo sollte den Mittelteil malen. Nach drei Jahren hatte er das Gemälde fertig, doch die Auftraggeber lehnten es ab, es entsprach nicht der Tradition. Das Christuskind sitzt weit weg von Maria, während sie mit Hand und Mantel den Johannesknaben umarmt, und auch ein Engel deutlich auf diesen zeigt statt auf Christus. Diese Fassung hängt heute in Paris, im Louvre.

Die zweite Version wurde nach dem Gerichtsurteil schließlich

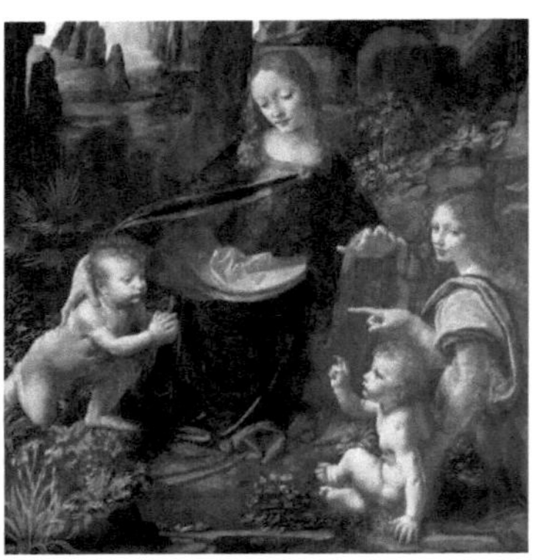

S/W-Ausschnitt aus der ersten
Felsengrottenmadonna

1508 fertiggestellt (heute in London, in der National Gallery), nicht aber von Leonardo selbst, sondern von seinem Schüler Ambrogio de Predis.

Leonardo arbeitete für so unterschiedliche Herren wie die Republik Florenz, das Herzogtum Mailand, die Republik Venedig, aber auch für den kriegerischen

Cesare Borgia (Sohn von Papst Alexander VI.) und
zuletzt für den französischen König Franz I. Da er
seinen gesamten Besitz nach Frankreich mitnahm –
darunter auch die vermutlich 1506 vollendete *Mona
Lisa* – hängen heute die meisten seiner Gemälde nicht
in Italien, sondern in Paris, im Louvre. Leonardo
plante als Architekt, Ingenieur und Erfinder Stadt-
und Hafenanlagen, Verteidigungssysteme, Flussum-
leitungen oder die Trockenlegung von Sümpfen. Lieber für sich selbst als für andere arbeitete er als
Künstler und Wissenschaftler, forschte zu funktions-
fähigen Flugmaschinen, Wetterphänomenen, oder studierte die Anatomie des menschlichen Körpers. Er
hinterließ wenige Gemälde, aber Tausende von Zeichnungen und Texten in Spiegelschrift.

Zum Kapitel:
 Auf der Suche

ELISABETTA GONZAGA MONTEFELTRO (1471–1526)
Herzogin von Urbino, war wie ihre Schwägerin, Isabella d' Este Gonzaga, eine der bedeutendsten Frauen
der italienischen Hochrenaissance, hochgebildet und
Förderin von Gelehrten und Künstlern. Da die Ehe
zwischen Elisabetta und GUIDOBALDO I. DA MON-
TEFELTRO (1482–1508) kinderlos blieb, adoptierte
das Paar 1504 den 14-jährigen FRANCESCO DELLA
ROVERE (1490–1538), ein Neffe von Guidobaldo
und auch ein Neffe von Papst Julius II. (Giuliano della

Rovere). Unter der Protektion dieses Papstes erblühte der Hof von Urbino wieder. 1508 wurde Francesco Guidobaldos Nachfolger und heiratete 1509 Elisabettas Nichte ELEONORA GONZAGA (1493–1550). Nach dem Tod von Julius II. musste Elisabetta mit dem jungen Paar wieder fliehen. Diesmal vertrieb sie Papst LEO X. (1475–1521), aus dem Hause Medici, der mit päpstlichen Truppen Urbino besetzen ließ, und es an einen seiner Neffen übertrug. Wieder folgte auf die Flucht nach Mantua das Exil in Venedig, bis zum Tod von Leo X.

Der Venezianer PIETRO BEMBO (1470–1547) war ein humanistischer Gelehrter, Dichter und Kardinal. Er blieb fünf Jahre am Hof von Urbino. Ab 1513 war Bembo für Papst Leo X. tätig, ab 1530 als Bibliothekar und Historiker für die Republik Venedig und ab 1539 als Kardinal für Papst Paul III.

Sein hochgeschätzter Sprachstil und seine Theorie einer italienischen Literatursprache waren dafür ausschlaggebend, dass das Toskanische zur italienischen Hochsprache wurde.

BARBARA DÜRER (1452–1514) brachte 18 Kinder auf die Welt, von denen aber nur drei das Erwachsenenalter erreichten: Albrecht, *1471, ANDREAS, *1484, der wie der Vater Goldschmied wurde, und HANS, *1490, der wie Albrecht Maler wurde und auch seine Lehre bei MICHAEL WOLGEMUT (1434–1519) machte. Albrecht Dürer hatte seinen Bruder Hans schon unterrichtet und ihn auf die Reise nach Venedig mitnehmen wollen, aber Barbara Dürer ließ dies nicht zu. Albrecht und AGNES DÜRER (1475–1539) hatten — ebenso wie Andreas und Hans — keine Kinder.

Es ist nicht bekannt, ob Pirckheimer den Saphirring noch bekam. Nach Dürers Brief vom 18. April kam keiner mehr bis zum August 1506, zumindest ist unter den zehn gefundenen Briefen keiner erhalten.

Das VERSTECK MICHELANGELOS — der unterirdische Raum unter der Medici-Kapelle in Florenz — wurde 1975 von dem italienischen Kunsthistoriker PAOLO DAL POGGETTO (1936–2019) entdeckt. Die Kohlezeichnungen an den Wänden des 10 x 3 Meter langen Raumes sind von allen Fachleuten eindeutig als Originale aus Michelangelos Hand identifiziert. Dal Poggetto vermutete, dass sich Michelangelo dort im Jahr 1530 — während eines Konflikts mit den Medici — versteckt hatte. Fakt ist, dass eine der Zeichnungen den bärtigen Kopf des Laokoon zeigt. Seit November 2023 darf der Raum — heute Teil des Bargello-Museums — für ein hohes Eintrittsgeld besichtigt werden, aber nur maximal 15 Minuten, und nur von maximal vier Personen gleichzeitig.

Zum Kapitel:
Gesetze und Schätze

Zu LUCREZIA BORGIA D'ESTE siehe nächstes Kapitel.

Den BUCHDRUCK mit beweglichen Lettern hatte 1450 der Mainzer JOHANNES GUTENBERG (1400–1468) erfunden. Bis dahin wurden Bücher in Klöstern mit der Hand abgeschrieben, eine Arbeit, die mehr als ein Jahr dauern konnte. 50 Jahre später, um 1500, gab es in Europa schon etwa eine Million gedruckter Bücher. In der damaligen Zeit bewirkte die Geschwindigkeit in der quantitativen Zunahme von Gedrucktem eine so tiefgreifende Veränderung in der Gesellschaft wie für uns heute die Digitalisierung.

In Italien gab es die meisten Buchdrucker in Venedig. ALPUS PIUS MANUTIUS (1449–1515) war der bedeutendste Buchdrucker für griechische Texte und besonders wertvolle Bücher. Die Brüder GIUNTA, LUCANTONIO (1457–1538) in Venedig, und FILIPPO in Florenz, druckten die größte Anzahl von Büchern und expandierten in ganz Europa durch Kooperation mit Agenturen. 1506 stellte Lucantonio ein Stundenbuch auf Pergament her, das früheste bekannte gedruckte Miniaturbuch. Berühmt war auch die MALERMI-BIBEL.

Im deutschsprachigen Raum erschien das erste RÄTSELBUCH, mit geistlichen und weltlichen Rätseln, und 1505 war erstmals das WETTERBÜCHLEIN von LEONHARD REYNMANN herausgekommen, das antike Texte über Wettererscheinungen mit mündlich überlieferten Bauernregeln verband.

Zu MAXIMILIAN I. (1459–1519) siehe letztes Kapitel.

1506 wurde die erste transportierbare Orgel erbaut, APFELREGAL oder APFELPFEIFENWERK genannt.
(Abb. 10, Ausschnitt aus einem Holzschnitt von Hans Weiditz von 1518).

Im 21. Jh. hat der österreichische Orgelbaumeister CHRISTIAN KÖGLER das historische Apfelpfeifenwerk nachgebaut.

Der Österreicher PETER WALDNER – Organist, Musikwissenschaftler und Spezialist für Alte Musik wie historische Tasteninstrumente – spielt auf dem nachgebauten Instrument Werke der Renaissancemusik. Einen Konzertausschnitt vom 10. Januar 2021 gibt es auf youtube und dieser vermittelt wundervoll den charakteristischen Klang der kleinen Orgel und die Musik der Renaissance.

Zum Kapitel:
Lebensgefährliche Verwandtschaft

Bis zum 20. Jh. verheirateten Herrschende ihre Nachkommen nach politisch günstigen Konstellationen, in den früheren Jahrhunderten schon im Kindesalter. In der Renaissance gab es noch kein Zölibat im heutigen Sinn, und so war es nicht ungewöhnlich, dass Kardinäle Kinder hatten. Nicht wenige wurden aus politischen Gründen – auch ohne Priester- und Bischofsweihe – zum Kardinal ernannt. Ebenso gilt für alle Renaissancepäpste, dass sie sich nicht nur als theologisches Oberhaupt, sondern auch als territoriale

Herrscher verstanden, die durchaus auch Krieg führten.

Von diesen in der Renaissance vertrauten Gepflogenheiten wich Papst ALEXANDER VI. (1431–1503) in einigen Aspekten ab. Die Borgia stammten aus katalanischem Adel, und einen Spanier auf dem Stuhl Petri, das lehnten die Italiener schon vom Prinzip her ab. Dass Kardinal Rodrigo Borgia dennoch zum Papst gewählt wurde, das konnte für die Mehrheit seiner Zeitgenossen nur durch Korruption und Bestechung möglich gewesen sein.

Als Papst machte Alexander alle seine Kinder öffentlich bekannt und versorgte sie mit zahlreichen Privilegien und Machtbefugnissen. Bis ins hohe Alter hatte er weiterhin Geliebte, die in der Öffentlichkeit bekannt waren und auch als Papst zeugte er noch zwei Kinder.

Er entschied und handelte in erster Linie als weltlicher Herrscher. In Fürstenhäusern war es durchaus Tradition, dass die Ehefrauen Staatsangelegenheiten übernahmen, wenn ihre Ehemänner im Krieg oder aus anderen Gründen länger abwesend waren. Dass aber ein Papst sich durch seine uneheliche Tochter vertreten ließ und ihr für eine Zeit die Angelegenheiten des Papsttums im Vatikan übertrug, war auch in der Renaissance untragbar. Diese Art von Grenzüberschreitungen, Missachtung von Traditionen, Machtpolitik vorrangig für die eigene Familie, waren die Basis für Provokation und Ablehnung, für gezielt gestreute Gerüchte und Verleumdungen. Zwischen einem extrem opportunistischen Vater, der – nicht nur bei den Heiratskandidaten für seine Kinder – laufend neue Bündnisse schloss und wieder auflöste, wenn sich ihm eine noch vorteilhaftere Konstellation bot, und einem Bruder Cesare – von den fünf Papstsöhnen der machtgierigste und skrupelloseste – war Lucrezia mitgefangen.

LUCREZIA BORGIA D' ESTE (1480–1519) wurde so bis zu ihrem 26. Lebensjahr Opfer von Verleumdungen und durch Giovanni Sforza Opfer einer heftigen Rufmordkampagne. Erst als Herzogin von Ferrara und nach dem Tod ihres Vaters (1503) und ihres Bruders (März 1507) konnte sie in ihrem Sinne wirken.

Sie wurde wie ihre Schwägerinnen Isabella und Elisabetta – mit denen sie in stetem Austausch stand – eine Förderin von Gelehrten und Künstlern. Sie erwarb viel Sumpfland, ließ es entwässern, sodass es als Weide oder Ackerland genutzt werden konnte. Mit den erwirtschafteten Gewinnen – mit Getreide, Gemüse, Wein und Flachs – unterstützte sie die Armen und die Künstler. Sie starb mit 39 Jahren, zehn Tage nach der Geburt ihres achten Kindes, im Beisein von ihrem Mann Alfonso, der – wie auch die Bevölkerung von Ferrara – sehr um sie trauerte.

Dramen und Skandale lassen sich besser verkaufen als Wohltaten, und so blieb an Lucrezia der skandalumwitterte Ruf einer *femme fatale* haften, und das etwa 350 Jahre lang. Schriftsteller wie Alexandre Dumas oder Victor Hugo, und viele Verfilmungen, verhärteten dieses Negativbild.

Erst im 19. Jh. begannen Historiker Originaldokumente über Lucrezia Borgia zu suchen und zu erforschen. Einer von ihnen war der deutsche Historiker FERDINAND GREGOROVIUS (1821–1891), der 23 Jahre in Italien lebte und 1871 eine Biographie über Lucrezia Borgia veröffentlichte. (siehe Literaturverzeichnis). In dieser Biographie – 2017 neu aufgelegt – sind zahlreiche Briefe zwischen den unterschiedlichsten Personen vollständig wiedergegeben. Einer von ihnen ist der auf Seite 55 in Ausschnitten zitierte Brief des Herzogs von Ferrara an den Papst.

Ähnlich wie bei Isabella d'Este Gonzaga gibt es auch von Lucrezia Borgia d'Este mehrere gemalte Porträts von sehr unterschiedlichem Aussehen, und nur eine einzige gesicherte Darstellung, ihr Profil auf einer Münze von 1507, die sie als Herzogin von Ferrara ausweist. Abb. 8 zeigt den Ausschnitt aus einem Kupferstich von dieser Münze.

Zum Kapitel:
Meinungsänderung

HANS BURGKMAIR (1473–1531) war Dürers Konkurrent in Augsburg. Beide Künstler waren beeinflusst von MARTIN SCHONGAUER (1445–1491). Beide hielten sich – zu unterschiedlichen Zeiten – in Venedig auf, um dort die Malerei der Italiener zu studieren, und beide arbeiteten später für Kaiser Maximilian I. In den Drucktechniken bevorzugte Dürer den Kupferstich, Burgkmair den Holzschnitt. Während Dürer ab 1511 keine Altarbilder mehr malte – er fand die Bezahlung zum Arbeitsaufwand zu gering – waren Burgkmairs bedeutendste Werke genau diese, wie der Allerheiligenaltar (1507), der Johannesaltar (1518) oder der Kreuzigungsaltar (1519), alle drei heute im Besitz der Bayerischen Staatsgemäldesammlungen.

Albrecht DÜRER besaß eine Fähigkeit, mit der er sich von seinen deutschen wie italienischen Kollegen seiner Zeit unterschied, die Fähigkeit der gekonnten Selbstvermarktung. Sein Monogramm hatte nicht nur die Qualität eines Firmenlogos, er ließ es auch urheberrechtlich schützen. In Deutschland war Dürer damit erfolgreich, nicht aber in Italien. In Venedig gab es einige Kupferstecher – der berühmteste unter ihnen Marcantonio Raimondi – die mit Nachstichen von Dürers Kupferstichen gutes Geld verdienten. Dürer klagte, forderte, dass die Kopien verboten würden. Geschichtlich betrachtet ist Dürers Klage der erste Prozess um den Schutz des Urheberrechts überhaupt. Der Große Rat von Venedig entschied, dass Kopien angefertigt, aber nicht mit Dürers Monogramm versehen werden dürften.

Würde Dürer heute leben, hätte er einen eigenen Social-Media-Kanal, würde jeden Tag etwas von sich posten und hätte Millionen von Followern.

Begeistert wäre er auch über das Projekt, das 2020 von der Universität Heidelberg, unter der Leitung der Kunsthistorikerin Franziska Ehrl und in Zusammenarbeit mit der Albrecht-Dürer-Haus-Stiftung Nürnberg ins Leben gerufen wurde. Unter duerer.online werden nicht nur alle Originalquellen digitalisiert, sondern sämtliches Forschungsmaterial zu Dürer aus der ganzen Welt zusammengefasst und mit Hilfe von Künstlicher Intelligenz die Verknüpfungen zwischen den Materialfunden erstellt.

Auch nach dem Tod von ALFONSO D'ESTE (1476–1534) wagte sein Sohn nicht, die lebenslange Haftstrafe für Ferrante und Giulio aufzuheben. FERRANTE D'ESTE (1477–1540) starb im Alter von 63 Jahren im Gefängnis. Erst Alfonsos Enkel, Alfonso II., begnadigte, als er 1559 Herzog von Ferrara wurde, GIULIO D'ESTE (1478–1561). Da war Giulio schon 81 Jahre alt. Nach zwei Jahren in Freiheit starb er.

Zum Kapitel:
 Uneins und einig

Dürers Gemälde *Das Rosenkranzfest* wurde nach seiner Fertigstellung von mehreren Malern kopiert. Eine Kopie wurde gezielt 1606 in Auftrag gegeben, bevor das Original nach Prag transportiert wurde. Kaiser Rudolf II. wollte es unbedingt erwerben und hatte eine hohe Geldsumme bezahlt. Auf allen Kopien (eine ist noch im Kunsthistorischen Museum in Wien aufbewahrt) ist auf Marias Knie eine Fliege zu sehen. Auf Dürers Original – heute in der Prager Nationalgalerie – fehlt sie. Vom Hals der Madonna abwärts

wurde das Original beschädigt, ob noch im 16. Jh. in
Venedig, ob im 17. Jh. während des Dreißigjährigen
Krieges oder im 18. Jh. bei der Räumung der Prager
Burg, da sind sich die Fachleute nicht einig. Einig sind
sie sich, dass Dürer eine Fliege auf Marias Knie als
kleinen Scherz gemalt hatte. Sie wurde Opfer, zunächst der Beschädigung und dann der Restaurierung
im 19. Jh.

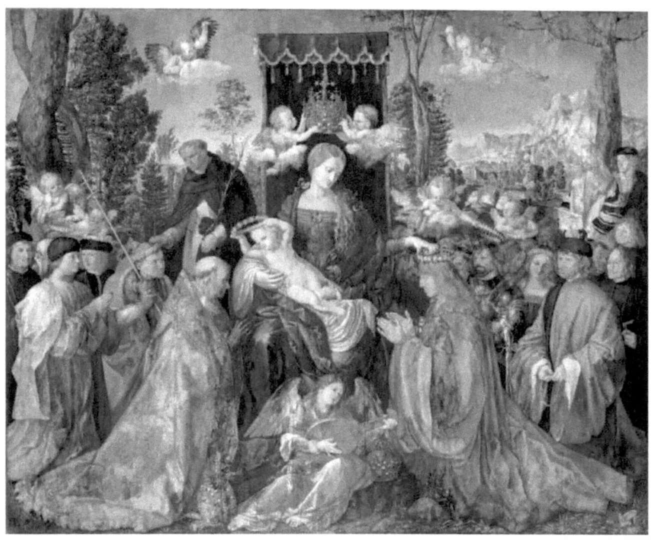

»Das Rosenkranzfest«, 1506, von Albrecht Dürer

CHRISTOPH KOLUMBUS (1451–1506) war bis zu seinem Tod davon überzeugt, dass er den Seeweg nach
Indien entdeckt habe, weshalb er die Bewohner In-
dianer nannte. Auch der Seefahrer AMERIGO VESPUC-
CI (1451–1512) unternahm Entdeckungsreisen in die

Neue Welt, und erkannte – im Gegensatz zu Kolumbus – dass es sich um einen eigenen Kontinent handelt. Auf der Grundlage von Vespuccis Veröffentlichungen (Quatuor Americi Vesputii Navigationes) erschien 1506 die erste Karte der Neuen Welt, bei der auch die Krümmung der Erde berücksichtigt wurde. Gezeichnet wurde sie von dem venezianischen Kartographen GIOVANNI MATTEO CONTARINI (14??– 1507), in Kupfer gestochen von dem Florentiner FRANCESCO ROSSELLI (1445–um 1510). Nach ihnen wird sie CONTARINI-ROSSELLI-WELTKARTE genannt. Das einzige erhaltene Exemplar wird in der British Library aufbewahrt. 1924 gab The Trust of the British Museum eine Faksimile-Ausgabe heraus.

Contarini starb 1507. Im gleichen Jahr gab der deutsche Kartograph MARTIN WALDSEEMÜLLER (1473– 1520) eine weitere Weltkarte heraus und gab dem neuen Kontinent nach Amerigo Vespucci den Namen AMERICUS, dann – entsprechend zu Europa – den weiblichen Namen AMERICA.

Amerigo Vespucci konnte seinen Ruhm noch erleben, denn er überlebte seinen Konkurrenten Kolumbus – beide waren 1451 geboren – um sechs Jahre.

Zum Kapitel:
Anerkennung

ANDREA MANTEGNA (1431–1506) war einer der bedeutendsten Maler der Frührenaissance in Nordita-

lien. 1456 wurde er zum Hofmaler von Mantua ernannt und schuf einen großen Freskenzyklus im Her-
zogspalast, der noch im 21. Jh. erhalten ist und besichtigt werden kann.

Zum Kapitel:
Durchkreuzte Pläne

König MAXIMILIAN I. (1459–1519) sollte nie zur Kaiserkrönung nach Rom reisen. Als 1508, im *Krieg der
Heiligen Liga*, Maximilian I. in Norditalien sowohl von
Venedig als auch von Frankreich militärisch bedrängt
wurde, und somit eine konfliktfreie Reise nach Rom
unmöglich war, krönte er sich selbst zum Kaiser. Mit
Zustimmung von Papst Julius II. nahm Maximilian I.
im Dom von Trient, am 4. Februar 1508, den Titel
»Von Gottes Gnaden erwählter Römischer Kaiser«
an.

Sein Ziel, das Habsburger Reich trotz des Todes seines einzigen Sohnes PHILIPP (1478–1506) zu erhalten, sollte ihm gelingen.

Als der ungarische König Vladislav II. von Beatrice
getrennt worden war (siehe S. 94f.), heiratete er ANNE
DE FOIX-CANDALE (1484–1506), Tochter eines ver-
armten Grafen und mit dem französischen König
LUDWIG XII. (1462–1515) verwandt. Es waren ihre
beiden Kinder, auf die Kaiser Maximilian I. ein *politi-
sches* Auge warf und sie mit seinen Enkelkindern ver-
heiratete. Diese Verbindung zwischen dem Kaiser

und Ungarn sollte die Basis für die Habsburger Dynastie Österreich-Ungarn werden. (siehe auch Vee, Sibylla, »Familienbildnisse«, 2022, S. 10 ff.)

In seinem Brief vom 13. Oktober 1506 teilte Dürer Pirckheimer mit, dass er nach Bologna reisen und dort seine Kenntnisse der Perspektive vertiefen wolle. Aus dem Nachlass von Scheurl ist zu erfahren, dass Dürer tatsächlich in Bologna war. Wen er dort für das Studium der Perspektive traf, ist nicht bekannt.

CHRISTOPH SCHEURL (1481–1542) hatte wie Pirckheimer eine humanistische Ausbildung erhalten. Seine Mutter stammte aus der Familie TUCHER, eine der ältesten und bis heute existierenden Patrizierfamilien Nürnbergs und neben den Fuggern in Augsburg eine der bekanntesten deutschen Kaufmannsfamilien. Dürer hatte einige Familienmitglieder porträtiert.

Nach seiner Promotion in Bologna wurde Scheurl als Dozent an die Universität Wittenberg berufen. An dieser Universität sollte im Jahr 1509 für kurze Zeit auch MARTIN LUTHER (1483–1546) lehren, der im September 1506 im Augustinerkloster in Erfurt sein Ordensgelübde abgelegt hatte. Christoph Scheurl versuchte zwischen 1525 und 1530 zwischen den Katholiken und den Anhängern der Reformation zu vermitteln.

CESARE BORGIA (1475–1507) war im Mai 1504 auf Befehl von Papst Julius II. in Neapel festgenommen und nach Spanien in Einzelhaft verbannt worden. In der Umbruchzeit beim Tod von König Philipp konnte er aus dem Gefängnis fliehen. Er versuchte, wieder mit dem französischen König, Ludwig XII., zu paktieren, aber ohne Erfolg. Dann schickte er seinen Kanzler Federigo nach Italien, um dort die Lage in Ferrara – wo seine Schwester Lucrezia lebte – und Umgebung zu erkunden. Federigo wurde erkannt und auf Befehl des Papstes festgenommen. Cesare Borgia selbst war nicht in Italien. Er hielt sich nach seiner Flucht in Nordspanien auf, in Pamplona, bei seinem Schwiegervater, dem König von Navarra. Als Soldat im Dienste dieses Königs geriet Cesare während einer Belagerung in einen Hinterhalt und fiel im Kampf, am 12. März 1507.

Eine 4 m hohe Bronze zu gießen, war 1506 technisch eine große Herausforderung. MICHELANGELO meisterte sie in einem Jahr, auch wenn der erste Guss fehlschlug und nicht nur die Statue, sondern auch der eigens errichtete Brennofen ein zweites Mal geschaffen werden musste. Der Papst war mit dem Ergebnis zufrieden. Michelangelo hatte sich mit seinem Vorschlag, den Schlüsseln Petri, durchgesetzt. Sie sind das Attribut des Apostel Petrus, Symbol für die Macht des Papstes.

Nachfolgende Aspekte dieses Auftrags entbehren nicht einer gewissen Ironie. Trotz der enormen Größe der Papststatue gibt es keine Zeichnung, keinen Kupferstich von ihr, auch die Statue selbst gibt es nicht mehr. 1511 – im *Krieg der Heiligen Liga* – kam es in Bologna zu einem revolutionsartigen Aufstand gegen Papst Julius II. Danach eroberten französische Truppen die Stadt. Michelangelos Bronzestatue wurde zerschlagen, eingeschmolzen und aus dem Material wurden Waffen geschmiedet.

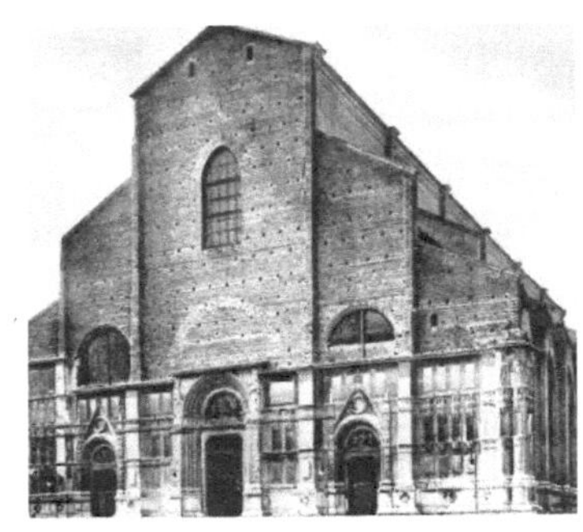

Die Marmorfassade von San Petronio – der größten Backsteinkirche Europas – ist bis heute, im 21. Jh., unvollendet.

Nach der Fertigstellung der Bronze kehrte Michelangelo 1508 nach Rom zurück, in der Hoffnung, endlich wieder in Marmor und weiter an dem Papstgrabmal arbeiten zu können. Doch Julius II. gab ihm wieder eine andere Aufgabe, die Michelangelo wieder entsetzte, da sie ihn als Maler forderte, das Deckenfresko in der Sixtinischen Kapelle, in der bis heute die Papstwahl stattfindet.

MICHELANGELO (1475–1564) bleibt als dreifaches Genie – Bildhauer, Maler und Architekt – der bedeutendste Künstler aller Epochen.

Viele Skulpturen werden zu ihrem Schutz in ein Museum geholt, und am ursprünglichen Standort wird eine Kopie aufgestellt. So geschah es auch mit Michelangelos David-Skulptur in Florenz, die schon

1873 von ihrem Standort vor dem Palazzo Vecchio in die Galleria dell'Academia gebracht wurde. Sie ist aber wohl die einzige der Welt, die mit einem erdbebensicheren Sockel ausgestattet werden soll.

Auch unter den Zeichnungen ist es nicht eine von Leonardo da Vinci, sondern eine Aktzeichnung von Michelangelo, die 2022 – aus einer französischen Privatsammlung – für 23,2 Millionen Euro versteigert wurde, die teuerste je in Europa versteigerte Zeichnung.

1836 wurde auf der Rückseite eines Gemäldes – zwischen Leinwand und Rahmen – ein Kuvert mit einem Brief von Michelangelos Nachfahre Cosimo Buonarroti gefunden. Bei dem Brief befand sich auch eine winzige Skizze von Michelangelo, auf die der Brief Bezug nimmt. Diese kleine Skizze, die nach Experten die Proportionen eines Marmorblocks angibt, wurde 2024 in New York für 200.000 US Dollar versteigert. Sie ist gerade mal 4 x 6 cm groß.

Quellen, auch zum Weiterforschen

Zum Jahr 1506

> ➢ Stein, Werner: »Der große Kulturfahrplan«, 1981,
> S. 706–707
>
> ➢ Wikipedia zu *1506, Musikjahr 1506, Literaturjahr 1506*

Zur RENAISSANCE

> ➢ Aston, Margaret (Hrsg.), »Panorama der Renaissance«,
> Berlin, 1996
>
> ➢ P.M. History, »Die Renaissance in Italien«, Dez. 2023
>
> ➢ »Große Frauen der Weltgeschichte – 1000 Biographien in Wort und Bild«, München, ohne Jahr, Verlag
> Sebastian Lux, (S. 49 Beatrice von Aragón, S. 77 Lucrezia Borgia, S. 158 Isabella d' Este, S. 191 Elisabetta
> Gonzaga, S. 313 Maria von Burgund)
>
> ➢ Blisniewski, Thomas, »Die Entdeckung der Frauen in
> der Renaissance«, Berlin, 2017

Zu ANDREA MANTEGNA

> ➢ Cole, Alison, »Renaissance von Mailand bis Neapel«,
> Reihe art in context, Köln, 1996, S. 148 ff.
>
> ➢ Wikipedia *Andrea Mantegna, Camera degli Sposi*

Zu MICHELANGELO

> ➢ Stone, Irving, »Michelangelo«, Wien, 1974

➢ Turner, Richard, »Renaissance in Florenz«, Reihe art in context, Köln, 1996, S. 160 ff.

➢ Wikipedia *Michelangelo, David (Michelangelo)*

➢ Trinks, Stefan, »Michelangelo-Versteck in Florenz wird für Publikum geöffnet«, 1.11.2023, Frankfurter Allgemeine

➢ Grimm-Weissert, Olga, »Michelangelo: Zeichnung für 23,2 Millionen«, 20.5.2022, Neue Zürcher Zeitung

➢ »Michelangelo-Notiz in New York für mehr als 200.000 Dollar versteigert«, 19.4.2024, WELTKUNST, ZEITonline

Zu LEONARDO

➢ Klein, Stefan, »Da Vincis Vermächtnis – oder Wie Leonardo die Welt neu erfand«, Frankfurt a. M., 2009

➢ Cole, Alison, »Renaissance von Mailand bis Neapel«, Reihe art in context, Köln, 1996, S. 98 ff.

➢ Wikipedia *Leonardo da Vinci, Felsengrottenmadonna*

➢ Bayer, Tobias, »Unbekanntes Gemälde von da Vinci aufgetaucht«, 2013, digital unter www.welt.de/vermischtes/article/120642887

➢ Altdorfer, Sabine und Straub, Dominik, »Verwirrung um Da Vinci-Gemälde«, 2015, digital unter www.aargauerzeitung.ch/kultur/buch-buehne-kunst/verwirrung-um-da-vinci-gemaelde-auch-im-aargau-wurde-es-schon-entdeckt-ld.1673327

➢ Schmitt, Louisa, »Kunstkrimi um ein Da-Vinci-Gemälde«, 2019, digital unter www.srf.ch/kultur/kunst/isabella-d-este-kunstkrimi-um-ein-da-vinci-gemaelde

Zu ALBRECHT DÜRER

- ➤ Mai, Klaus-Rüdiger, »Dürer«, Berlin, 2015
- ➤ Rublack, Ulinka, »Dürer im Zeitalter der Wunder«, dt. Ausgabe Stuttgart, 2024
- ➤ Rupprich, Hans, »Dürers Briefwechsel«, Berlin, 1956, digital unter www.digi.ub.uni-heidelberg.de/diglit/rupprich 1956

  S. 41 f., 1. Brief vom 6. Januar 1506

  S. 42 f., 2. Brief vom 7. Februar 1506

  S. 45 f., 3. Brief vom 28. Februar 1506

  S. 47 f., 4. Brief vom 8. März 1506

  S. 48 f., 5. Brief vom 2. April 1506

  S. 50 f., 6. Brief vom 25. April 1506

  S. 52 f., 7. Brief vom 18. August 1506

  S. 54 f., 8. Brief vom 8. September 1506

  S. 56 f., 9. Brief vom 23. September 1506

  S. 58 f., 10. Brief vom 13. Oktober 1506

- ➤ Wikipedia *Albrecht Dürer, Das Rosenkranzfest, Rosenkranzbruderschaft, Barbara Dürer, Agnes Dürer, Endres Dürer, Hans Dürer*
- ➤ Ruf, Birgit, »Der moderne Mann«, (zu Albrecht Dürers 550. Geburtstag), 17.5.2021, Fränkische Landeszeitung, Projekt duerer.online

Zu Personen oder Ereignissen in ROM

- ➤ Henze, Anton, Bering, Kunibert und Wiedmann, Gerhard, »Kunstführer Rom«, Stuttgart 1994 (S. 324 ff. Petersdom, S. 251 f. Tempietto)
- ➤ Hermann, Horst, »Päpste und ihre Kinder«, München,

2019, (S. 114 ff. Alexander VI., S. 243 ff. Julius II.)

> Andreae, Bernard, »Laokoon und die Gründung Roms«, Mainz, 1994
> Wikipedia *Julius II., Pius III., Alexander VI., Cesare Borgia, Päpstliche Schweizergarde, Kaspar von Silenen, Ablassbrief, Raffaelo Riario, Petersdom, Baumeister am Petersdom, Donato Bramante, Tempietto di Bramante, Giuliano da Sangallo, Giovanni Giocondo, Antonio da Sangallo der Jüngere, Gian Lorenzo Bernini, Laokoon-Gruppe*

Zu Personen oder Ereignissen in VENEDIG

> Peter, Peter, »Venedig«, München, 1995
> Wikipedia *Fondaco dei Tedeschi, Rialtobrücke, Antonio Abbondi, Giorgio Spavento, Giovanni Bellini, Giunta (Buchdrucker), Aldus Manutius, Amerigo Vespucci, Contarini-Rosselli-Karte, Libro d' Oro, Bisamapfel*

Zu Personen oder Ereignissen in Italien, außerhalb von Venedig und Rom

> Gregorovius, Ferdinand, »Lucrezia Borgia«, Stuttgart, 1874, Neuausgabe Berlin, 2017
> S. 55 zitierter Briefausschnitt aus Gregorovius S. 150 f.
> Wikipedia *Ferdinand I. (Neapel), Beatrix von Aragón, Alfons II. (Neapel), Francesco Maria I. della Rovere, Guidobaldo I. da Montefeltro, Elisabetta Gonzaga, Raffael, Pietro Bembo, Ercole I. d' Este, Alfonso I. d' Este, Isabella d' Este, Beatrice d' Este (Sforza), Ludovico Sforza, Giovanni Sforza, Bianca Maria Sforza, Lucrezia Borgia, Basilika San Petronino*
> engl. Wikipedia *Beatrice of Naples, Felice della Rovere, Gian Giordano Orsini, Ferrante d' Este, Giulio d' Este*

Zu Personen oder Ereignissen außerhalb Italiens

➢ Wikipedia *Friedrich III. (HRR), Maximilian I. (HRR), Maria von Burgund, Philipp I. (Kastilien), Franz I. (Frankreich), Karl V. (HRR), Ferdinand I. (HRR), Ludwig XII., Karl III. (Savoyen), Albrecht IV. (Bayern), Primogeniturgesetz, Jakob Fugger, Willibald Pirckheimer, Imhoff (Patriziergeschlecht), Christoph Scheurl, Martin Luther, Hans Burgkmair d. Ä., Michael Wolgemut, Matthias Corvinius, Johann Corvinius, Vladislav II. (Böhmen und Ungarn), Tamás Bakócz, Christoph Kolumbus, Martin Waldseemüller, Apfelregal, Straßburger Rätselbuch, Wetterbüchlein*

Zu den ABBILDUNGEN

➢ **Cover** Figuren (bearbeitet) aus »Camera degli Sposi«, 1465–1474, Andrea Mantegna, Fresko, Mantua, Palazzo Ducale, Wikipedia *Camera degli Sposi / Nordwand*
Engel aus »Auferstehung Christi«, 1502, Raffael, Öl auf Holz, 52 x 44 cm, São Paulo, Museu de Arte de São Paulo, Wikipedia *Auferstehung Christi (Raffael)*

➢ **Abb. 1** Rialtobrücke, S/W-Ausschnitt aus »Das Wunder der Reliquie vom Heiligen Kreuz«, 1494, Vittore Carpaccio, Öl auf Leinwand, 371 x 392 cm, Venedig, Galleria dell' Accademia, Wikipedia *Rialtobrücke*

➢ **Abb. 2** Laokoon-Gruppe, röm. Marmorkopie nach griech. Original, ca. 19 n. Chr., Rom, Vatikanische Museen, Wikipedia *Laokoon-Gruppe / Ac.laocoon*

➢ **Abb. 3** links, »Bramantes Tempietto in Rom«, Datum

unbek., Étienne Dupéerac, Zeichnung, s/w, Turin, Accademia delle Scienze di Torino, Wikipedia *Tempietto di Bramante > Commons: Tempietto di Bramante > Tempietto di Bramante in art*

rechts, Bramantes Grundrissidee für den neuen Petersdom, 1892, Léon Palustre, Zeichnung, Wikipedia *Mailänder Schema*

- ➤ **Abb. 4** »Beatrice von Aragón«, um 1490, Künstler unbekannt, S/W-Ausschnitt aus einem Relief im Ungarischen National Museum, Budapest, Wikipedia *Beatrix von Aragón*

- ➤ **Abb. 5** »Isabella d' Este Gonzaga«, s/w, 1500, Leonardo da Vinci, Kreidezeichnung, 63 x 46 cm, Paris, Louvre, Wikipedia *Isabella d' Este*

- ➤ **Abb. 6** »Elisabetta Gonzaga Montefeltro«, 1504, Raffael, Öl auf Holz, 52,5 x 37 cm, Florenz, Uffizien, Wikipedia *Elisabetta Gonzaga*

- ➤ **Abb. 7** »Pietro Bembo«, 1505, Giovanni Bellini, S/W-Ausschnitt, Öl auf Holz, 49 x 35 cm, London, Buckingham Palace, engl. Wikipedia *Portait of a Young Man (Bellini, Royal Collection)*

- ➤ **Abb. 8** »Lucrezia Borgia d' Este«, 1505, Ausschnitt aus einem Kupferstich von 1806, nach der 1505 geprägten Münze, Berlin, Münzkabinett, Wikipedia *Lucrezia Borgia*

- ➤ **Abb. 9** Ein Pomo d' ambra, S/W-Ausschnitt aus »Porträt des Jan Gerritsz«, um 1518, Jakob Cornelisz van Oostsanen, Öl auf Holz, 42 x 33 cm, Amsterdam, Rijksmuseum, Wikipedia *Bisamapfel*

- ➤ **Abb. S 111** »Das Rosenkranzfest«, 1506, Albrecht Dürer, s/w, Öl auf Holz, 162 x 194,5 cm, Prag, Nationalgalerie, Wikipedia *Das Rosenkranzfest*
- ➤ **Abb. S 116** Fassade der Kirche San Petronio in Bologna, 1941, Foto, Privatsammlung, Wikipedia *Basilica San Petronio > Commons: Basilica San Petronio > Historical images of San Petronio (Bologna)*

Personenverzeichnis

128

Ortsverzeichnis

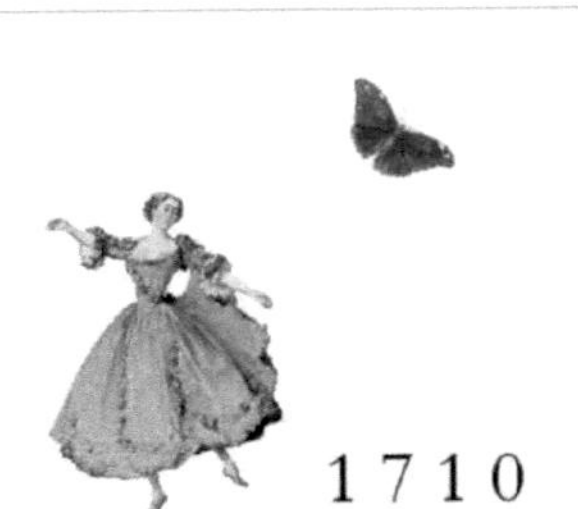

…Das königliche Bübchen, das wie sein Urgroßvater Louis getauft wurde, wurde also in prallen Luxus hineingeboren. Und doch brauchte es auch an einem solchen Ort einiges Rüstzeug, um überleben zu können: ein kräftiges Herz, ein starkes Immunsystem und einen Schutzengel …

…Während die Sonne …das große Neapel und das kleine Resina in goldenes Licht tauchte, zog Ambrogio Nuceriono die Jutehüllung von dem weißen Marmor. »Ma che bella!« war sein erster Satz, »Welche Schönheit!«, dem gleich ein »Ma che palle!« folgte, »So eine Scheiße!«, denn ihm wurde klar, seinen Brunnen konnte er vergessen.

ISBN 978 – 3 – 7392 – 4510 – 2   5,99 €

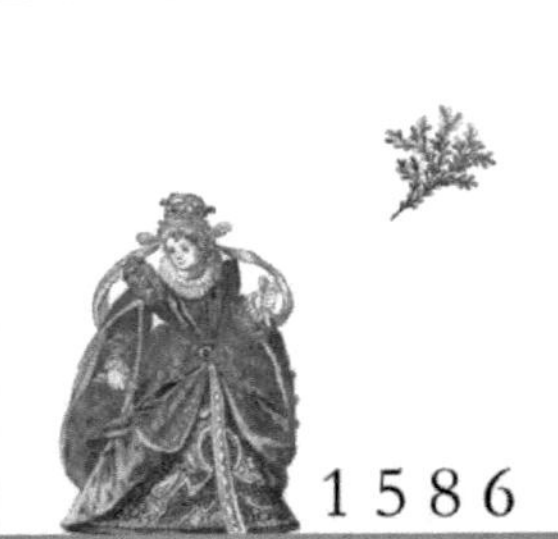

…Der große Michelangelo hatte das Vorhaben als unmöglich rundum abgelehnt. …
…Die römischen Spatzen pfiffen es schon von den Dächern, wenn Fontana versagen sollte, würde ihn der Papst wie einen Banditen köpfen lassen. …

…Er war 27 Jahre alt, als sein Herz für eine Frau entflammte, die jedoch keinen seiner Liebesbeweise erwiderte. Da Pietro della Valle kein weitsichtiger Hansekaufmann war, sondern ein heißblütiger Römer, litt er so unsäglich, dass sein bester Freund, …Medizinprofessor in Neapel, sich zum Eingreifen genötigt sah. Er verordnete seinem Freund eine Pilgerreise nach Jerusalem …

ISBN 978 – 3 – 7519 – 6755 – 6   5,99 €

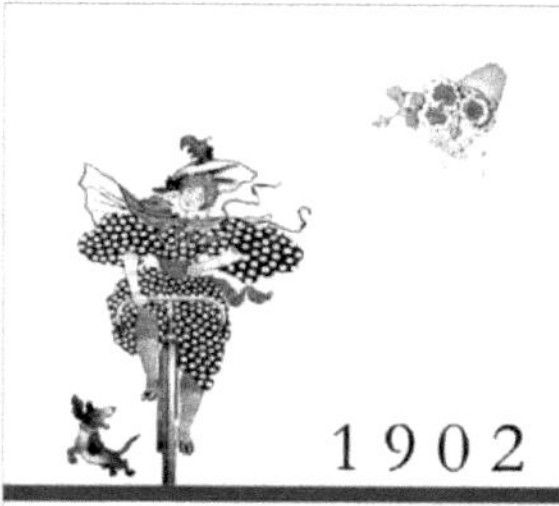

Am 1. April 1902 bricht Otto Bierbaum in einem Auto mit 8 PS auf …die Reise geht von Berlin nach Sorrent …

in Wien …ist die hohe Schule der Mehlspeisküche, und die Kunst des Speisens braucht hier keine Sezession ….in der bildenden Kunst dagegen ist die Revolution im vollen Gange. Nirgends, auch in München nicht, lebt und wirkt die Sezession wie hier…

Der Riss auf der Seite des Riesen öffnete sich erschreckend …Während die Menge einen …Schrei ausstieß, schwankte der Glockenturm …Der Riese kollabierte …Die Erde bebte, eine gigantische Staubwolke stieg auf, der Engel versank …

ISBN 978 – 3 – 7543 – 1134 – 9   5,99 €

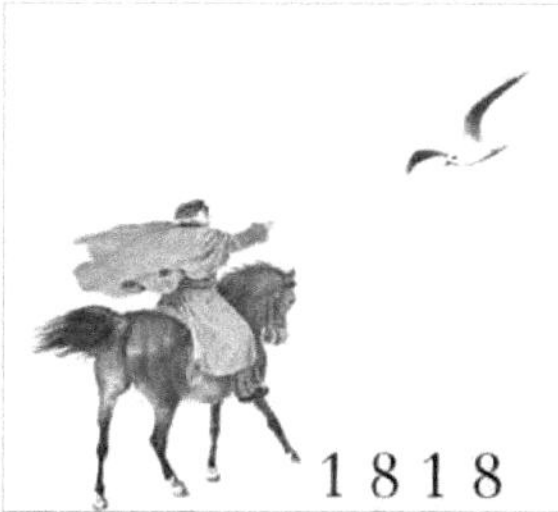

…Und so kam es, dass Peter Schlehmils Schatten, am Äquator nicht größer als ein Tintenklecks, am 8. Februar des Jahres 1818 zwischen den Seiten 126 und 127 einer Malaischen Sprachkunde eingeklemmt wurde. Doch die *Rurik* war auf dem Weg nach Kapstadt, und nahe dem Kap der Guten Hoffnung gab es auch für einen eingeklemmten Schatten die Hoffnung, sich wieder zur normalen Größe zu entfalten. …

…Um vier Uhr stieg ein winziges rotes Bällchen auf, das wie ein Purpurwölkchen am Himmel wieder verschwand. Kurz vor fünf Uhr nachmittags war es dann so weit: der große Ballon war gefüllt und begann langsam zu steigen. „Gott, hat die Frau einen Mut!" …

ISBN 978 – 374317703X   6,99 €

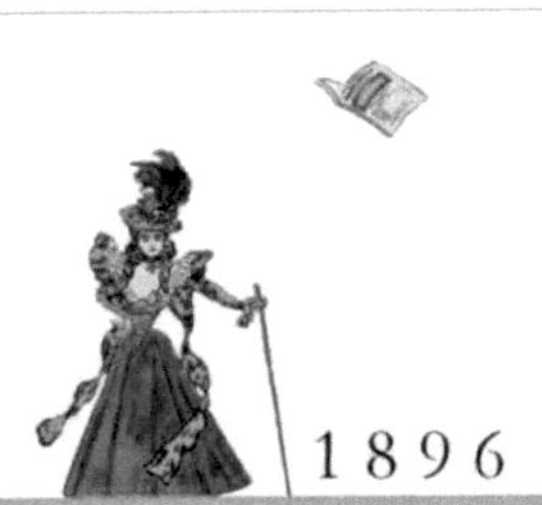

1 8 9 6

Eine Turmbahn, X-Strahlen und
andere Errungenschaften

Sibylla Vee

KLEINE KULTURGESCHICHTEN

Monet wurde in der Stimme lauter, Renoir setzte sich erschöpft auf einen Stuhl, und die Handwerker der Galerie lachten und glaubten nicht, dass Degas nachgeben werde. ...

Eine nicht zu beschreibende Stimmung ruhte über der Stadt. Ein Jauchzen, eine sommerliche Seligkeit zog durch die Lüfte …Nie hätte man es für möglich gehalten, dass in dieser Metropole des zweifelnden Lächelns eine solche elementare, naive Begeisterung durchbrechen könnte.

Peter und Paul waren seriöse Gespenster mit exquisiter Ausbildung. …In letzter Zeit aber wirkten sie verstört. Die neuesten Errungenschaften der Menschheit machten ihnen schwer zu schaffen.

ISBN   978 – 3 – 7583 – 1211 – 3   7,49 €

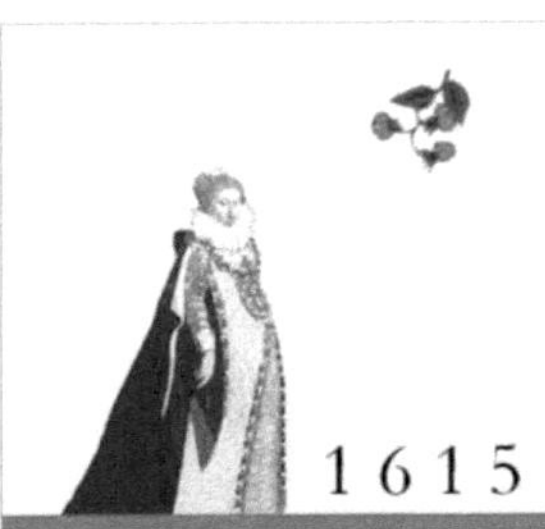

1 6 1 5

Vor Gericht, im Himmelsgarten
und andere Begegnungen

Sibylla Vee

KLEINE KULTURGESCHICHTEN

»Wer hat dir denn als Erste alles über die Sterne beigebracht …? Meinst du vielleicht, ich bin eine kleine, alte, schwache Frau? Ich bleibe hier!«
   Kepler war verzweifelt, er kannte kaum einen anderen Menschen, der so eigensinnig war wie seine eigene Mutter.

»Ich hatte schon lange die Idee, dass wir hier und da einen unserer schönen Singvögel …hinzufügen. Sie sind doch alle Geschöpfe Gottes …und gehören hier mit in den Himmelsgarten. Als ich das …Abt Johann vorschlug, lehnte er ab.«
»Oh, er mag keine Tiere? « …
»Doch. Ich soll durchaus auch Vögel malen, …aber nicht unsere Singvögel, …er will Papageien.«

ISBN   978–3–7568–5673–2   6,99 €

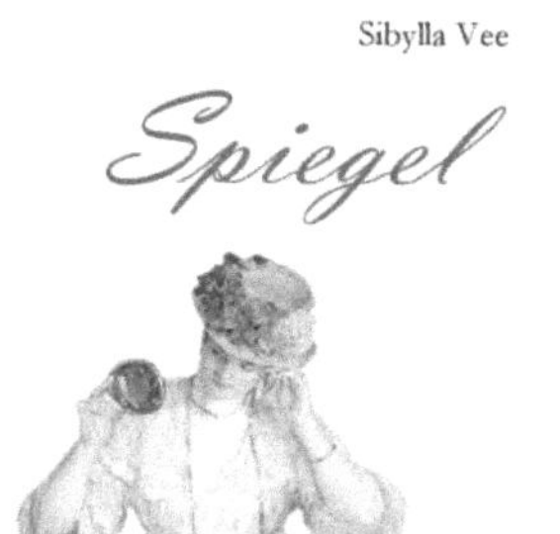

Maler und Malerinnen lieben Spiegel

…

runde, konvexe und flache, rechteckige, kleine Handspiegel und große Wandspiegel,

…

Spiegel als Zeugen, Solisten und Psychologen,

…

und vor allem lieben sie die unsichtbaren.

Viele spannende Geschichten um das Bildmotiv *Spiegel*.

ISBN 978 – 3 – 7526 – 2937 – 8 6,95 €

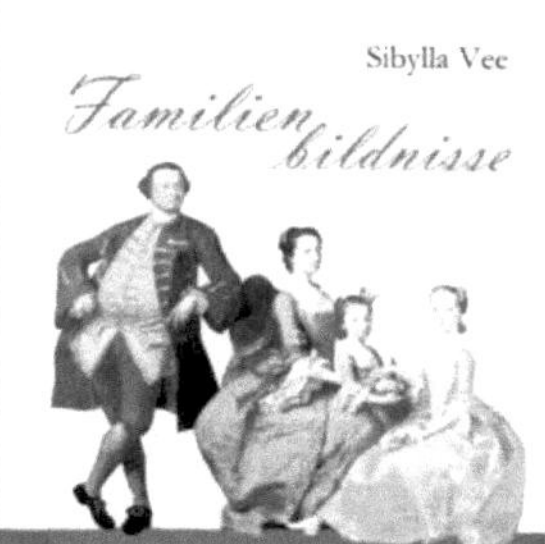

Im 19. Jh. tauchte Reynolds Gemälde bei einer Versteigerung auf, aber niemand wusste mehr, wer die porträtierte Familie war. Man forschte in Reynolds *sitterbook*, in dem er die Daten seiner Aufträge festgehalten hatte, und fand den Namen *Mrs. Clive*. …Doch es ließ sich kein Kind finden. …Diesen Unstimmigkeiten gingen Fachleute erst im 21. Jh. nach und nahmen sich nochmals Reynolds *sitterbook* vor, …

Die Kleine heißt Emma, die Frau, die sie hält, ist ihre Mutter, und das ältere Paar sind ihre Großeltern. Soweit stimmt die Bildbeschreibung, alles andere aber ist völlig anders als gedacht. …

ISBN 978–3–7562–3459–2   7,99 €